# 쉽게 익히는
# 초급 중국어

## 들어가는 말

본 교재는 중국어를 처음 배우는 학습자, 특히 대학교 신입생을 주요 대상으로 하며 중국어의 입문부터 초급 단계를 다루고 있다. 대학교 한 학기 또는 일 년 과정에 맞추어 한 권의 교재를 마무리할 수 있도록 학습 진도와 난이도를 설계하였으며, 중국어의 발음을 포함하여 중국어를 처음 배우는 학습자가 경험할 만한 다양한 주제를 선정하였다.

한 과는 두 개의 UNIT으로 나뉘며, 본문은 중국 현지 일상생활에서 자주 사용되는 실례와 표현으로 구성되어 있다. 단어나 문장은 주로 HSK 1~2급 수준으로 구성하였으며 경우에 따라 3급 단어를 사용하여, 본 교재의 학습을 마치면 HSK 2~3급 수준에 해당하는 중국어 실력을 갖추도록 하였다. 초급 학습자가 반드시 알아야 하는 내용만을 선정하여 문법으로 쉽고 간단하게 정리하였으며, 바꿔 말하기를 통해 의사소통 표현 능력을 강화할 수 있도록 하였다. 연습 문제를 통해 해당 UNIT에서 학습한 내용을 확인할 수 있다. 두 UNIT의 학습이 끝나면 중국의 문화를 살펴보며 문화 속에서 중국어를 자연스럽게 습득할 수 있도록 하였다.

'天下无难事，只怕有心人。(천하에 어려운 일은 없다. 다만 마음 먹기에 달렸다.)'라는 중국 속담처럼 강한 의지가 있으면 어려운 중국어 학습도 해낼 수 있다. 본 교재가 학습자들의 중국어 실력 향상에 도움이 되기를 바란다.

장 흥 석

# 이 책의 구성

『쉽게 익히는 초급 중국어』는 한 학기 또는 일 년 과정의 대학교 중국어 교재로서, 중국어에 입문하는 학습자를 위한 교재입니다. 총 12과로 이루어져 있으며, 각 과는 2개의 UNIT으로 구성됩니다.

### 도입

이번 과에서 배울 내용을 관련 사진과 함께 확인합니다.

### 새 단어 배우기

새 단어를 먼저 확인하며 본문을 학습할 준비를 합니다.

### 회화 익히기

UNIT의 주제에 맞는 두 개의 본문을 학습합니다.

### 문법 다지기

본문에 등장한 핵심 표현과 관련된 문법 지식을 예문과 함께 설명합니다.

### 바꿔 말하기

활용도가 높은 문장을 바꿔 말하는 연습을 합니다. 추가 단어와 함께 표현력을 높일 수 있습니다.

## 문제로 확인하기

듣기, 읽기, 쓰기 등 다양한 영역의 문제를 풀며 학습한 내용을 잘 이해했는지 확인해 보고, 실력을 한 단계 높입니다.

## 단어 써보기

해당 UNIT에 등장한 단어를 바르게 써 봅니다.

## 문화

UNIT 1과 UNIT 2의 학습이 끝나면 중국의 문화를 살펴봅니다. 다채로운 사진 자료와 풍부한 설명으로 중국을 깊이 이해합니다.

## 본문 해석과 정답

본문의 해석과 연습 문제의 정답, 녹음 대본이 제시됩니다. 먼저 스스로 해석하고 문제를 푼 후에 부록과 비교해 보세요.

## 🏮 MP3 이용 안내

교재의 MP3 파일은 다락원 홈페이지(www.darakwon.co.kr)와 콜롬북스 APP을 통해 무료로 내려받을 수 있습니다. 스마트폰으로 QR코드를 스캔하면 MP3 다운로드 및 실시간 재생 가능한 페이지로 바로 연결됩니다.

# 차례

들어가는 말 ......................................................... 3

이 책의 구성 ........................................................ 4

차례 .................................................................. 6

**00** 중국어의 기본 개념 .......................................... 8

중국어의 발음 .................................................. 9

**01** 你好! 안녕하세요! ........................................... 18
UNIT1 만남·헤어짐 ㅣ UNIT2 감사·사과

**02** 你叫什么名字? 당신은 이름이 무엇입니까? ................. 36
UNIT1 이름 ㅣ UNIT2 나이

**03** 她是谁? 그녀는 누구입니까? ................................ 54
UNIT1 국적·신분 ㅣ UNIT2 사물·한자

**04** 你没有哥哥吗? 당신은 오빠가 없습니까? ................... 72
UNIT1 가족 ㅣ UNIT2 직업

**05** 今天几月几号? 오늘은 몇 월 며칠입니까? ................... 90
UNIT1 날짜 ㅣ UNIT2 생일·기념일

**06** 现在几点? 지금 몇 시예요? ................................ 108
UNIT1 시간 ㅣ UNIT2 시간의 양

**07** 服务员, 点菜! 여기요, 주문이요! ........................... 126
UNIT1 주문 ㅣ UNIT2 맛

**08** 这件衣服多少钱? 이 옷은 얼마예요? ....................... 144
UNIT1 가격 ㅣ UNIT2 교환·반품

**09** 你喜欢做什么? 당신은 뭐 하는 걸 좋아해요? ———————————— 162
UNIT 1 취미 | UNIT 2 장래 희망

**10** 今天天气怎么样? 오늘 날씨가 어때요? ———————————————— 180
UNIT 1 날씨 | UNIT 2 계절

**11** 银行怎么走? 은행은 어떻게 가나요? ——————————————————— 198
UNIT 1 길 묻기 | UNIT 2 교통수단

**12** 你有什么事? 무슨 일 있어요? ————————————————————————— 216
UNIT 1 건강 | UNIT 2 부탁

본문 해석과 정답 ———————————————————————————————————— 234
한어병음 자모 배합표 ———————————————————————————————— 246

## 📖 일러두기

지명과 인명은 현지의 발음을 우리말로 표기했습니다. 단, 우리에게 널리 알려진 고유명사는 익숙한 발음으로 표기했습니다.

**예** 北京 베이징 (지명)  金俊谞 김준서 (한국인)
王明 왕밍 (중국인)  戴安娜 다이애나 (미국인)

품사는 다음과 같이 약자로 표기했습니다.

| 품사 | 약자 | 품사 | 약자 | 품사 | 약자 |
|------|------|------|------|------|------|
| 명사 | 명 | 형용사 | 형 | 접속사 | 접 |
| 고유명사 | 고유 | 부사 | 부 | 감탄사 | 감 |
| 동사 | 동 | 수사 | 수 | 조사 | 조 |
| 조동사 | 조 | 양사 | 양 | 수량사 | 수량 |
| 대명사 | 대 | 개사 | 개 | 성어 | 성 |

# 중국어의 기본 개념

## ① 중국어

중국어를 중국어로는 '한어 (汉语 Hànyǔ)' 또는 '중문 (中文 Zhōngwén)'이라고 한다. 현대중국어의 표준어는 보통화(普通话 pǔtōnghuà)이다. 보통화는 베이징 말소리(语音 yǔyīn)를 표준음으로 삼고 북방 방언에 기초한다.

## ② 간체자

중국에서는 획수가 많고 복잡한 번체자(繁体字 fántǐzì)를 간단하게 줄인 간체자(简体字 jiǎntǐzì)를 사용한다. 1956년에 '한자간화방안(汉字简化方案)'의 발표와 함께 중국에서는 간체자를 사용하기 시작하였다.

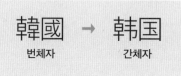

## ③ 한어병음

중국어의 발음 표기는 '한어병음(汉语拼音 Hànyǔ Pīnyīn)'으로 한다. 한어병음이란 로마자로 한자의 발음을 표기하고 주 모음 위에 성조를 덧붙이는 방식을 말한다. 로마자로 표기하지만 영어와는 발음이 다르니 주의해야 한다. 한어병음은 성모, 운모, 성조로 구성된다. '성모'는 음절의 시작 소리, '운모'는 음절에서 성모를 제외한 나머지 부분, '성조'는 소리의 높낮이를 가리킨다.

8

# 중국어의 발음

▶ 00-01

## ① 운모

운모는 음절에서 성모를 제외한 나머지 부분을 말한다.

♦ **a**: 입을 크게 벌리고 '아'라고 발음한다.

| a | ai | ao | an | ang |
|---|----|----|----|----|

♦ **o**: 입을 크고 둥글게 벌리고 '오' 다음에 '어'를 뒤따라 발음하여 '오어'를 한 음처럼 발음한다.

| o | ou | ong |
|---|----|-----|

♦ **e**: 입을 조금만 벌리고 '으' 다음에 '어'를 뒤따라 발음하여 '으어'를 한 음처럼 발음한다.

| e | ei | en | eng | er |
|---|----|----|-----|----|

\* 'ei'의 'e'는 '으어'가 아닌 '에'와 같이 발음한다.

♦ **i**: 입을 작게 벌리고 입술 양쪽을 잡아당기듯이 평평하게 펴서 '이'라고 발음한다.

| i<br>(yi) | ia<br>(ya) | ie<br>(ye) | iao<br>(yao) | iou<br>(you) |
|---|---|---|---|---|
| | ian<br>(yan) | in<br>(yin) | iang<br>(yang) | ing<br>(ying) | iong<br>(yong) |

\* 'ie'의 'e'는 '으어'가 아닌 '에'와 같이 발음한다.
\* 'ian'의 'a'는 '아'가 아닌 '애'와 같이 발음한다.

♦ u: 입술을 앞으로 내밀고 '우'라고 발음한다.

| u (wu) | ua (wa) | uo (wo) | uai (wai) | uei (wei) |
| | uan (wan) | uen (wen) | uang (wang) | ueng (weng) |

\* 'uei'의 'e'는 '으어'가 아닌 '에'와 같이 발음한다.

♦ ü: 입술을 앞으로 내밀고 '위'라고 발음한다. 이때 중간에 입술을 펴지 않고 처음부터 끝까지 둥근 상태로 유지한다.

| ü (yu) | üe (yue) | üan (yuan) | ün (yun) |

\* 'üe'의 'e'는 '으어'가 아닌 '에'와 같이 발음한다.
\* 'üan'의 'a'는 '아'가 아닌 '애'와 같이 발음한다.

## 성모 없이 운모가 단독으로 쓰일 때

- i가 단독으로 쓰이면 i 앞에 y를 붙이고, i로 시작하는 운모는 i를 y로 바꿔 표기한다.

  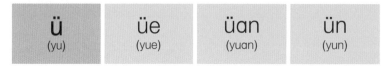 i → yi          iou → you          iang → yang

- u가 단독으로 쓰이면 u 앞에 w를 붙이고, u로 시작하는 운모는 u를 w로 바꿔 표기한다.

  예 u → wu          uo → wo          uan → wan

- ü가 단독으로 쓰이거나 ü로 시작하는 운모는 ü를 yu로 바꿔 표기한다.

  예 ü → yu          üe → yue          üan → yuan

## ② 성모     ▶ 00-02

성모는 음절의 시작 소리로, 모두 21개가 있다. 성모를 발음할 때는 그 뒤에 정해진 운모를 붙여서 읽는다.

◆ **입술 소리**: 윗입술과 아랫입술을 붙였다 떼면서 발음한다.

◆ **이입술 소리**: 윗니를 아랫입술에 대고 발음한다.

◆ **혀끝 소리**: 혀끝을 윗잇몸의 뒷면에 붙였다가 떼면서 발음한다.

◆ **혀뿌리 소리**: 혀뿌리를 입천장에 붙였다 떼거나 가까이 대고 발음한다.

◆ **혓바닥 소리**: 혀 앞부분을 입천장 앞쪽에 붙였다 떼거나 가까이 대고 발음한다.

◆ **혀끝 말아 올린 소리**: 혀끝을 말아 입천장에 붙였다 떼거나 가까이 대고 발음한다.

* 'i'는 성모 'zh, ch, sh, r'의 뒤에서 '으'로 발음한다.

◆ **이 뒤 혀끝 소리**: 혀끝을 윗니 뒷면에 붙였다 떼거나 가까이 대고 발음한다.

* 'i'는 성모 'z, c, s'의 뒤에서 '으'로 발음한다.

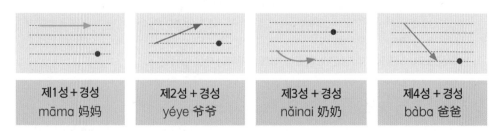

### ③ 성조　　　　　　　　　　　　　　　　　　　　　▶ 00-03

성조는 소리의 높낮이를 나타내며 제1성, 제2성, 제3성, 제4성이 있다. 성모와 운모가 같아도 성조가 다르면 의미가 달라진다.

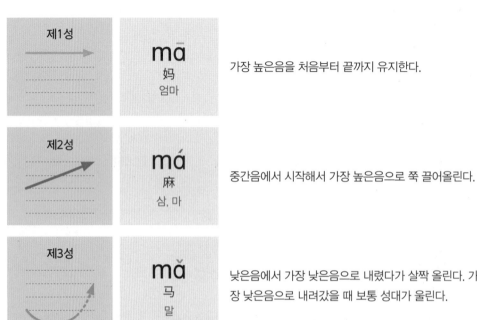

**제1성**
mā
妈
엄마
가장 높은음을 처음부터 끝까지 유지한다.

**제2성**
má
麻
삼, 마
중간음에서 시작해서 가장 높은음으로 쭉 끌어올린다.

**제3성**
mǎ
马
말
낮은음에서 가장 낮은음으로 내렸다가 살짝 올린다. 가장 낮은음으로 내려갔을 때 보통 성대가 울린다.

**제4성**
mà
骂
꾸짖다
가장 높은음에서 가장 낮은음으로 빠르고 강하게 떨어뜨린다.

### ④ 경성　　　　　　　　　　　　　　　　　　　　　▶ 00-04

원래의 성조가 약화되어 가볍고 짧게 발음하는 음절을 '경성'이라고 한다. 경성은 앞 음절의 성조에 따라 높낮이가 달라지며, 성조를 표기하지 않는다.

| 제1성 + 경성 | 제2성 + 경성 | 제3성 + 경성 | 제4성 + 경성 |
|---|---|---|---|
| māma 妈妈 | yéye 爷爷 | nǎinai 奶奶 | bàba 爸爸 |

## ⑤ 성조 변화

♦ **제3성의 성조 변화** ▶ 00-05

(1) 제3성은 제1성, 제2성, 제4성, 경성 앞에서 반3성으로 발음한다. 반3성이란 제3성의 내려가는 부분만 발음하는 것을 말한다.

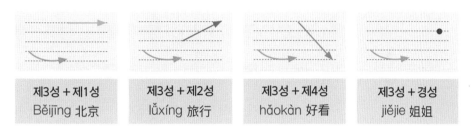

| 제3성 + 제1성 | 제3성 + 제2성 | 제3성 + 제4성 | 제3성 + 경성 |
| Běijīng 北京 | lǚxíng 旅行 | hǎokàn 好看 | jiějie 姐姐 |

(2) 제3성이 연이어 쓰일 때는 앞의 제3성을 제2성으로 발음한다. 이때, 성조 표기는 변하지 않는다.

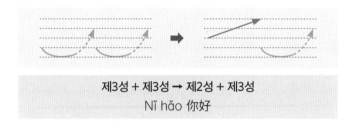

제3성 + 제3성 ➡ 제2성 + 제3성
Nǐ hǎo 你好

♦ **'不 bù'의 성조 변화** ▶ 00-06

(1) 제4성이나 제4성이 경성으로 변한 글자 앞에서는 제2성으로 발음하고, 변화된 성조로 표기한다.

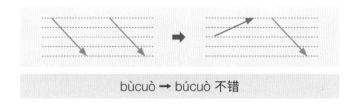

bùcuò ➡ búcuò 不错

(2) 제1성, 제2성, 제3성 앞에서는 원래 성조인 제4성으로 발음한다.

예 bù chī 不吃　　　　bù lái 不来　　　　bù hǎo 不好

♦ '一 yī'의 성조 변화 ▶ 00-07

(1) 단독으로 쓰이거나 서수로 쓰이는 경우, 원래 성조인 제1성으로 발음한다.

예 yī 一　　　　　　　　　dì-yī kè 第一课

(2) 제1성, 제2성, 제3성 앞에서는 제4성으로 발음하고, 변화된 성조로 표기한다.

예 yìbān 一般　　　　　　yì píng 一瓶　　　　　　yìqǐ 一起

(3) 제4성이나 제4성이 경성으로 변한 글자 앞에서는 제2성으로 발음하고, 변화된 성조로 표기한다.

예 yíhuìr 一会儿　　　　　yí ge 一个

## 发音 발음 연습

녹음을 듣고 따라 읽으세요. ▶ 00-08

〔1〕 yuán 元 위안 [중국의 화폐 단위]

〔2〕 lái 来 오다

〔3〕 chá 茶 차

〔4〕 zǎo 早 아침

〔5〕 dàgē 大哥 형님

〔6〕 gānbēi 干杯 건배

〔7〕 māma 妈妈 엄마, 어머니

〔8〕 lǎoshī 老师 선생님

〔9〕 huānyíng 欢迎 환영하다

〔10〕 chī fàn 吃饭 밥을 먹다

〔11〕 xiǎomǐ 小米 샤오미, 좁쌀

〔12〕 Běijīng 北京 베이징

〔13〕 jiāyóu 加油 힘내다

〔14〕 yī èr sān sì 一 二 三 四 1, 2, 3, 4

## ⑥ 한어병음 표기 규칙

### ◆ 성조 표기

(1) 성조는 운모 위에 표기한다.

　예) ā　í　ǒ　è

(2) 운모에 모음이 여러 개인 경우, 입이 크게 벌어지는 모음 위에 성조를 표기한다. 즉 'a 〉
o, e 〉 i, u, ü'의 순서로 성조를 표기한다.

　예) hǎo　zài　lèi　kǒu　tuō　lüè

(3) i와 u가 함께 쓰이는 경우, 뒤의 모음에 성조를 표기한다.

　예) xiū　guì　niǔ　liú

(4) i에 성조를 표기하는 경우, i 위의 점은 생략한다.

　예) yī　bí　mǐ　sì

### ◆ 운모 표기

(1) ü나 ü로 시작하는 운모가 성모 j, q, x와 결합하면 ü 위의 두 점은 생략한다.

　예) j + ü → ju　　　　　q + üe → que　　　　　x + üan → xuan

(2) 운모 iou, uei, uen이 성모와 결합하면 가운데 모음은 생략한다.

　예) d + iou → diu　　　　r + uei → rui　　　　k + uen → kun

### ◆ 대문자 표기

문장의 첫 글자와 인명, 지명 등의 고유명사의 첫 글자는 대문자로 표기한다.

　예) Nǐ hǎo! 안녕하세요!　　　　Hánguó 한국

### ◆ 격음 부호

a, o, e로 시작하는 음절이 다른 음절의 뒤에 오는 경우, 음절을 명확하게 구분하기 위하여
격음 부호(')를 사용한다.

　예) kě'ài　　　　　　　Tiān'ānmén

# 문제로 확인하기

**1** 녹음을 듣고 알맞은 발음에 √표 하세요. ▶ 00-09

(1) ☐ bā ☐ pā       (2) ☐ fū ☐ fā       (3) ☐ wēng ☐ yōng

(4) ☐ hē ☐ rè       (5) ☐ sì ☐ shì       (6) ☐ niú ☐ liù

(7) ☐ dì ☐ dī       (8) ☐ tú ☐ tǔ       (9) ☐ xuǎn ☐ xuàn

**2** 녹음을 듣고 알맞은 운모를 표시하세요. ▶ 00-10

(1) g _____      (2) p _____      (3) l _____

(4) x _____      (5) sh _____      (6) j _____

(7) m _____      (8) x _____      (9) n _____

**3** 녹음을 듣고 알맞은 성모를 표시하세요. ▶ 00-11

(1) _____ ī      (2) _____ àn      (3) _____ iàn

(4) _____ ǐ      (5) _____ ǎo      (6) _____ iè

(7) _____ éi      (8) _____ è      (9) _____ ài

**4** 성조 표기 규칙에 따라 성조를 표기하세요.

(1) e (제4성)      (2) qu (제3성)      (3) shi (제1성)

(4) xing (제2성)      (5) lai (제2성)      (6) jiang (제3성)

(7) zou (제3성)      (8) bei (제4성)      (9) xiu (제1성)

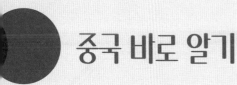

# 중국 바로 알기

## 중국의 한자

한자는 갑골문을 기원으로 하여 오랜 시간에 걸쳐 자형이 변화하고 발전하여 지금에 이르렀다. 본래 중국에서는 필획이 많고 복잡한 번체자를 사용하여 문맹률이 높았다. 이 문제를 해결하기 위해 1956년 중화인민공화국 국무원에서는 번체자의 필획을 간단하게 줄이는 '한자간화방안(汉字简化方案)'을 발표하여 한자를 편하게 쓰고 쉽게 외울 수 있도록 하였다.

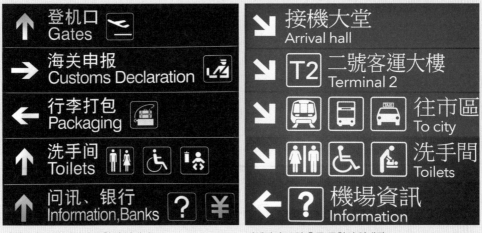

간체자가 쓰인 상하이 공항의 안내판      번체자가 쓰인 홍콩 공항의 안내판

그때부터 현대중국어에서는 간체자를 기본 문자로 사용하고 있기 때문에 중국에 가면 거리의 간판이나 표지판 등에 간체자가 표기되어 있는 것을 볼 수 있다. 또 싱가포르, 말레이시아 등 중화권 국가에서도 간체자를 사용한다. 그런데 예외적으로 홍콩은 오랜 기간 영국의 지배하에 있다가 1997년에 중국으로 반환되었기 때문에 대부분의 홍콩 사람들은 영어를 유창하게 구사한다. 중국어의 경우 표준어인 보통화보다 방언인 광둥어를 주로 사용한다. 또한 중국의 다른 지역과는 다르게 번체자를 사용하고 있다. 홍콩 외에 타이완에서도 번체자를 사용한다.

# 01

# 你好！
Nǐ hǎo!

# 안녕하세요!

## 미리 보기

---

### UNIT 1 만남·헤어짐

- 인칭대명사
- 만남과 헤어짐의 인사말

### UNIT 2 감사·사과

- 감사와 사과 표현
- er화(儿化)

## 生词 새 단어 배우기 ▶ 01-01

你 nǐ 때 너, 당신

好 hǎo 형 좋다, 안녕하다

好久 hǎojiǔ 형 (시간이) 오래다

不见 bújiàn 통 만나지 않다, 보지 않다

再见 zàijiàn 통 안녕히 가세요, 또 봐요

拜拜 báibái 통 안녕히 가세요 [영어 'bye-bye'의 음역]

明天 míngtiān 명 내일

见 jiàn 통 보다

### 发音 발음 연습

▶ 01-02

- 제1성 + 제1성  jīntiān 今天 오늘
- 제1성 + 제2성  huānyíng 欢迎 환영하다
- 제1성 + 제3성  shēntǐ 身体 몸, 신체
- 제1성 + 제4성  gāoxìng 高兴 기쁘다
- 제1성 + 경성  māma 妈妈 엄마

- 제2성 + 제1성  zuótiān 昨天 어제
- 제2성 + 제2성  yínháng 银行 은행
- 제2성 + 제3성  cídiǎn 词典 사전
- 제2성 + 제4성  yánsè 颜色 색깔
- 제2성 + 경성  yéye 爷爷 할아버지

# 회화 익히기

<table>
<tr><td>회화 1</td><td>준서와 리우쥐안은 만나서 인사를 나눈다.</td><td>▶ 01-03</td></tr>
</table>

준서 **你好!**
Nǐ hǎo!

리우쥐안 **你好!**
Nǐ hǎo!

<table>
<tr><td>회화 2</td><td>리우쥐안과 선생님은 오랜만에 만나서 인사를 나눈다.</td><td>▶ 01-04</td></tr>
</table>

리우쥐안 **好久不见!**
Hǎojiǔ bújiàn!

선생님 **好久不见!**
Hǎojiǔ bújiàn!

**회화 3** 준서와 리우쥐안은 헤어지면서 인사를 나눈다.  ▶ 01-05

준서　　**再见!**
　　　　Zàijiàn!

리우쥐안　**再见!**
　　　　Zàijiàn!

**회화 4** 다이애나와 준서는 헤어지면서 인사를 나눈다.  ▶ 01-06

다이애나　**拜拜!**
　　　　Báibái!

준서　　**明天见!**
　　　　Míngtiān jiàn!

# 문법 다지기

## 1 인칭대명사

중국어의 인칭대명사는 단수와 복수로 나뉜다. 단수의 인칭대명사 뒤에 '~들'에 해당하는 '们 men'을 붙여서 복수를 표현할 수 있다.

|  | 단수 | 복수 |
|---|---|---|
| 1인칭 | 我 wǒ 나 | 我们 wǒmen 우리 |
| 2인칭 | 你 nǐ 너, 당신<br>您 nín 당신, 귀하 | 你们 nǐmen 너희, 당신들<br>您们 nínmen (×) |
| 3인칭 | 他 tā 그, 그 남자<br>她 tā 그녀, 그 여자<br>它 tā 그것 | 他们 tāmen 그들<br>她们 tāmen 그녀들<br>它们 tāmen 그것들 |

'们'은 사람을 가리키는 말 뒤에 사용할 수 있는데, 동물이나 사물을 가리키는 말 뒤에는 쓸 수 없다.

狗们 개들 (×)　　　　　　　　书们 책들 (×)
gǒumen　　　　　　　　　　shūmen

## 2 만남과 헤어짐의 인사말

만났을 때는 '你好', 헤어질 때는 '再见'이라고 인사한다. '你'나 '再' 대신 특정한 때를 넣어서 인사할 수도 있다. 헤어질 때 인사로 영어 'Bye-bye'의 음역어인 '拜拜'를 사용하기도 한다.

A　你好! 안녕하세요!
　　Nǐ hǎo!

B　早上好! 좋은 아침입니다!
　　Zǎoshang hǎo!

A　再见! 안녕히 가세요!
　　Zàijiàn!

B　拜拜, 明天见! 안녕, 내일 봐요!
　　Báibái, míngtiān jiàn!

## 바꿔 말하기

**1** 주어진 단어를 활용해 바꿔 말해 봅시다. ▶ 01-07

> **你好!** 안녕하세요!
> Nǐ hǎo!

(1) **早上** 아침
zǎoshang

(2) **下午** 오후
xiàwǔ

(3) **晚上** 저녁
wǎnshang

**2** 주어진 표현을 활용해 바꿔 말해 봅시다. ▶ 01-08

> **再见!** 안녕히 가세요!
> Zàijiàn!

(1) **改天** 후일
gǎitiān

(2) **下次** 다음번
xià cì

(3) **一会儿** 이따가
yíhuìr

# 문제로 확인하기

**1** 녹음을 듣고 알맞은 성모를 표기하세요. ▶ 01-09

(1) _____ ǐ

(2) _____ ǎo

(3) _____ àijiàn

(4) _____ íngtiān

(5) _____ià cì

(6) _____ ǎitiān

**2** 녹음을 듣고 알맞은 그림을 선택하세요. ▶ 01-10

A

B

**3** 대화가 자연스럽게 이어지도록 문장을 연결하세요.

(1) 你好! •

(2) 拜拜! •

(3) 好久不见! •

• A 明天见!

• B 你好!

• C 好久不见!

**4** 빈칸에 알맞은 한자를 쓰고, 문장의 한어병음을 쓰세요.

| 下午 | 好 | 一会儿 | 不见 |
|------|-----|--------|------|

[1] 오랜만입니다!

好久 ＿＿＿＿＿＿＿＿＿＿!

한어병음 ＿＿＿＿＿＿＿＿＿＿＿＿＿＿＿＿＿＿＿＿＿＿

[2] 좋은 아침입니다!

早上 ＿＿＿＿＿＿＿＿＿＿!

한어병음 ＿＿＿＿＿＿＿＿＿＿＿＿＿＿＿＿＿＿＿＿＿＿

[3] 좋은 오후입니다!

＿＿＿＿＿＿＿＿＿＿好!

한어병음 ＿＿＿＿＿＿＿＿＿＿＿＿＿＿＿＿＿＿＿＿＿＿

[4] 이따가 봐요!

＿＿＿＿＿＿＿＿＿＿见!

한어병음 ＿＿＿＿＿＿＿＿＿＿＿＿＿＿＿＿＿＿＿＿＿＿

# 단어 써보기

你好
nǐ hǎo
안녕, 안녕하세요

好久
hǎojiǔ
(시간이) 오래다

再见
zàijiàn
안녕히 가세요,
또 봐요

明天
míngtiān
내일

早上
zǎoshang
아침

## 生词 새 단어 배우기 ▶ 01-11

谢谢 xièxie 통 감사합니다

不 bù 부 아니다, ~않다

客气 kèqi 형 겸손하다, 사양하다

恭喜 gōngxǐ 통 축하하다

对不起 duìbuqǐ 통 미안합니다

没关系 méi guānxi 괜찮다, 문제없다

不好意思 bù hǎoyìsi 미안하다

没事儿 méishìr 통 괜찮다, 문제없다

### 发音 발음 연습 ▶ 01-12

- 제3성 + 제1성  hǎochī 好吃 맛있다
- 제3성 + 제2성  xiǎohái 小孩 어린아이
- 제3성 + 제3성  xǐzǎo 洗澡 샤워하다
- 제3성 + 제4성  pǎobù 跑步 달리다
- 제3성 + 경성  jiějie 姐姐 누나, 언니

- 제4성 + 제1성  xiàtiān 夏天 여름
- 제4성 + 제2성  dàxué 大学 대학
- 제4성 + 제3성  xià yǔ 下雨 비가 오다
- 제4성 + 제4성  yùndòng 运动 운동하다
- 제4성 + 경성  bàba 爸爸 아빠, 아버지

27

# 회화 익히기

### 회화 1

준서는 리우쥐안에게 고마움을 표현한다.     ▶ 01-13

준서　谢谢!
Xièxie!

리우쥐안　不客气。
Bú kèqi.

### 회화 2

준서는 선생님께 축하 인사를 드린다.     ▶ 01-14

준서　恭喜恭喜!
Gōngxǐ gōngxǐ!

선생님　谢谢你!
Xièxie nǐ!

## 회화 3

준서는 다이애나에게 사과를 한다. ▶ 01-15

준서 　对不起。
　　　Duìbuqǐ.

다이애나 　没关系。
　　　Méi guānxi.

## 회화 4

왕밍은 다이애나에게 사과를 한다. ▶ 01-16

왕밍 　不好意思。
　　　Bù hǎoyìsi.

다이애나 　没事儿。
　　　Méishìr.

# 문법 다지기

## 1 감사와 사과 표현

감사를 나타내는 '谢谢'에는 주로 '不客气'라고 답한다. '谢谢' 뒤에 구체적인 감사의 대상을 넣을 수 도 있다. 사과를 나타내는 '对不起'나 '不好意思'에는 '没关系' '没事儿' 등으로 답한다. 사과를 나타 내는 또 다른 표현으로 '抱歉 bàoqiàn'이 있다.

A  谢谢你! 감사합니다!
   Xièxie nǐ!

B  不客气。 천만에요.
   Bú kèqi.

A  很抱歉。 정말 죄송합니다.
   Hěn bàoqiàn.

B  没关系。 괜찮습니다.
   Méi guānxi.

## 2 er화(儿化)

'er(儿)'이 다른 운모와 결합하여 er화 운모를 형성하는 현상을 'er화(儿化)'라고 한다. 표기할 때는 원 래 운모 끝에 '-r'을 붙인다.

没事儿。 괜찮습니다.
Méishìr.

开花儿。 꽃이 핍니다.
Kāi huār.

她唱歌儿。 그녀는 노래를 부릅니다.
Tā chàng gēr.

# 바꿔 말하기

**1** 주어진 표현을 활용해 바꿔 말해 봅시다. ▶01-17

> A 谢谢! 감사합니다!
> Xièxie!
>
> B 不客气。 천만에요.
> Bú kèqi.

(1) 不谢 천만에요
bú xiè

(2) 不用谢 천만에요
búyòng xiè

(3) 哪里哪里 별말씀을요
nǎli nǎli

**2** 주어진 단어를 활용해 바꿔 말해 봅시다. ▶01-18

> 谢谢你! 감사합니다!
> Xièxie nǐ!

(1) 大家 모두
dàjiā

(2) 老师 선생님
lǎoshī

(3) 您 당신, 귀하
nín

# 문제로 확인하기

**1** 녹음을 듣고 알맞은 성모를 표기하세요. ▶ 01-19

(1) _____ ǎoshī

(2) _____ àjiā

(3) _____ úyòng xiè

(4) _____ uìbuqǐ

(5) méi _____ uānxi

(6) méi _____ ìr

**2** 녹음을 듣고 알맞은 그림을 선택하세요. ▶ 01-20

A

B

**3** 대화가 자연스럽게 이어지도록 문장을 연결하세요.

(1) 谢谢! •

• A 没关系。

(2) 对不起。 •

• B 哪里哪里。

(3) 恭喜恭喜。•

• C 谢谢你!

**4** 빈칸에 알맞은 한자를 쓰고, 문장의 한어병음을 쓰세요.

| 大家 | 没事儿 | 您 | 客气 |

(1) 당신께 감사드립니다!

谢谢 _____!

한어병음 _____

(2) 천만에요.

不 _____。

한어병음 _____

(3) 모두 감사합니다!

谢谢 _____!

한어병음 _____

(4) 괜찮습니다.

_____。

한어병음 _____

# 단어 써보기

## 谢谢
xièxie
감사합니다

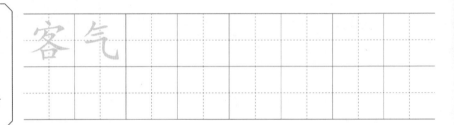

## 客气
kèqi
겸손하다, 사양하다

## 恭喜
gōngxǐ
축하하다

## 大家
dàjiā
모두

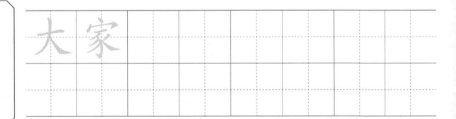

## 老师
lǎoshī
선생님

# 중국 바로 알기

## 중국인의 인사말

중국에서 만났을 때 자주 쓰는 인사말로 '你好! Nǐ hǎo!' '你好吗? Nǐ hǎo ma?' 등이 있다. 두 인사말은 비슷해 보이지만 사용하는 상황이 다르다. '你好!'는 '안녕' 또는 '안녕하세요'라는 뜻의 통상적인 인사말이다. 반면 '你好吗?'는 '잘 지내니?' '잘 지내세요?'라는 뜻으로 안부를 묻는 표현이다. 그래서 '你好!'라고 인사하면 '你好!'라고 대답하고, '你好吗?'라고 인사하면 '我很好。Wǒ hěn hǎo. (잘 지내요.)' 등으로 답한다.

헤어질 때는 '再见! zàijiàn!'을 많이 사용한다. 젊은 사람들은 영어의 'bye-bye'를 음역한 '拜拜 Báibái'라는 표현을 쓰기도 한다.

만난 시간대에 따라 인사하는 표현도 있다. 아침에는 '早! Zǎo!' '早上好! Zǎoshang hǎo!' '早安! Zǎo'ān!'이라고 인사하고, 점심이나 오후에는 '中午好! Zhōngwǔ hǎo!' '下午好! Xiàwǔ hǎo!'라고 인사한다. 저녁에 만났을 때는 '晚上好! Wǎnshang hǎo!'라고 인사하고, 자기 전에는 '晚安! Wǎn'ān!'이라고 인사한다. 이처럼 때에 맞는 인사말을 적절하게 사용하면 상대방에게 좋은 인상과 친근감을 줄 수 있다.

# 02

# 你叫什么名字?

Nǐ jiào shénme míngzi?

## 당신은 이름이 무엇입니까?

## 미리 보기

---

### UNIT 1 이름

- 이름
- 성씨
- 의문대명사 '什么'
- 동사술어문

### UNIT 2 나이

- 나이
- 띠
- 부사 '多'
- 숫자 읽기

## 生词
# 새 단어 배우기 ▶ 02-01

叫 jiào 통 ~이라고 부르다

什么 shénme 대 무엇, 무슨

名字 míngzi 명 이름

我 wǒ 대 나, 저

呢 ne 조 ~은요? [앞서 언급한 내용을 되물을 때 사용함]

认识 rènshi 통 알다, 인식하다

很 hěn 부 매우, 아주

高兴 gāoxìng 형 기쁘다

也 yě 부 ~도, 역시

贵姓 guìxìng 명 성씨

姓 xìng 통 성이 ~이다

## 회화 1

리우쥐안과 왕밍은 서로 이름을 물어본다. ▶ 02-02

리우쥐안 **你叫什么名字?**
Nǐ jiào shénme míngzi?

왕밍 **我叫王明, 你呢?**
Wǒ jiào Wáng Míng, nǐ ne?

리우쥐안 **我叫刘娟。**
Wǒ jiào Liú Juān.

**认识你, 很高兴。**
Rènshi nǐ, hěn gāoxìng.

왕밍 **认识你, 我也很高兴。**
Rènshi nǐ, wǒ yě hěn gāoxìng.

**회화 2** 다이애나와 선생님은 서로 이름을 물어본다. ▶ 02-03

다이애나 老师，您贵姓?
Lǎoshī, nín guìxìng?

선생님 我姓张，叫张辉星，你呢?
Wǒ xìng Zhāng, jiào Zhāng Huīxīng, nǐ ne?

다이애나 我叫戴安娜。
Wǒ jiào Dài'ānnà.

认识您，很高兴。
Rènshi nín, hěn gāoxìng.

선생님 认识你，我也很高兴。
Rènshi nǐ, wǒ yě hěn gāoxìng.

# 문법 다지기

### 1 의문대명사 '什么'

'什么'는 '무엇' '무슨'이라는 뜻으로, 구체적인 사물을 물어볼 때 사용하는 의문대명사이다. 단독으로 쓰이거나 명사 앞에 쓰인다.

你叫什么名字?　당신은 이름이 무엇입니까?
Nǐ jiào shénme míngzi?

他姓什么?　그는 성이 무엇입니까?
Tā xìng shénme?

你看什么?　당신은 무엇을 봅니까?
Nǐ kàn shénme?

### 2 동사술어문

중국어의 기본 문장 구조는 '주어 + 술어 + 목적어'이다. 술어의 주성분이 동사인 문장을 '동사술어문'이라고 한다. 주로 주어가 무엇을 하는지 나타낸다.

我叫王明。　나는 왕밍이라고 합니다.
Wǒ jiào Wáng Míng.

我喜欢你。　나는 당신을 좋아합니다.
Wǒ xǐhuan nǐ.

我吃饭。　나는 밥을 먹습니다.
Wǒ chī fàn.

## 바꿔 말하기

**1** 주어진 표현을 활용해 묻고 답해 봅시다. ▶ 02-04

> **A** 你叫什么名字? 당신은 이름이 무엇입니까?
> Nǐ jiào shénme míngzi?
>
> **B** 我叫王明。 나는 왕밍이라고 합니다.
> Wǒ jiào Wáng Míng.

(1) 李柔娜 이유나
Lǐ Róunà

(2) 金东铉 김동현
Jīn Dōngxuàn

(3) 崔秀彬 최수빈
Cuī Xiùbīn

**2** 주어진 단어를 활용해 묻고 답해 봅시다. ▶ 02-05

> **A** 您贵姓? 성이 어떻게 되세요?
> Nín guìxìng?
>
> **B** 我姓张。 나는 장씨입니다.
> Wǒ xìng Zhāng.

(1) 金 김
Jīn

(2) 李 이
Lǐ

(3) 朴 박
Piáo

# 문제로 확인하기

**1** 녹음을 듣고 알맞은 운모와 성조를 표기하세요. ▶ 02-06

(1) j _____

(2) sh _____ me

(3) m _____ zi

(4) x _____

(5) r _____ shi

(6) g _____ xìng

**2** 녹음을 듣고 알맞은 그림을 선택하세요. ▶ 02-07

A

B

**3** 대화가 자연스럽게 이어지도록 문장을 연결하세요.

(1) 您贵姓?　　　•

• A　我叫王明。

(2) 你叫什么名字?　•

• B　认识你，我也很高兴。

(3) 认识你，很高兴。•

• C　我姓张。

**4** 빈칸에 알맞은 한자를 쓰고, 문장의 한어병음을 쓰세요.

| 叫 | 呢 | 也 | 什么 |
|---|---|---|---|

[1] 당신은 이름이 무엇입니까?

你叫 _____ 名字?

한어병음 _____

[2] 나는 왕밍이라고 합니다. 당신은요?

我叫王明，你 _____?

한어병음 _____

[3] 나는 장씨이고, 장훼이싱이라고 합니다.

我姓张，_____ 张辉星。

한어병음 _____

[4] 저도 만나서 반갑습니다.

认识你，我 _____ 很高兴。

한어병음 _____

# 단어 써보기

**什么**
shénme
무엇, 무슨

**名字**
míngzi
이름

**认识**
rènshi
알다, 인식하다

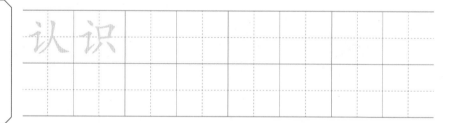

**高兴**
gāoxìng
기쁘다

**贵姓**
guìxìng
성씨

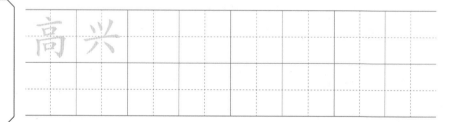

生词
# 새 단어 배우기 ▶ 02-08

今年 jīnnián 명 올해

多 duō 부 얼마나

大 dà 형 크다, (나이가) 많다

二 èr 수 2, 둘

十 shí 수 10, 열

一 yī 수 1, 하나

岁 suì 양 나이

属 shǔ 동 ~띠이다

羊 yáng 명 양

马 mǎ 명 말

年纪 niánjì 명 나이, 연령

四 sì 수 4, 넷

三 sān 수 3, 셋

女儿 nǚ'ér 명 딸

几 jǐ 대 몇

她 tā 대 그녀, 그 여자

八 bā 수 8, 여덟

# 회화 익히기

**회화 1** 다이애나는 준서에게 나이를 물어본다. ▶ 02-09

다이애나 你今年多大? 1)
Nǐ jīnnián duō dà?

준서 我今年二十一岁, 你呢?
Wǒ jīnnián èrshíyī suì, nǐ ne?

다이애나 我二十岁, 属羊, 2)
Wǒ èrshí suì, shǔ yáng,

你属什么?
nǐ shǔ shénme?

준서 我属马。
Wǒ shǔ mǎ.

## 회화 2

리우쮀안은 선생님께 나이를 여쭈어본다.  ▶ 02-10

리우쮀안　老师，您多大年纪？[3]
　　　　　Lǎoshī, nín duō dà niánjì?

선생님　四十二岁。　你多大？
　　　　Sìshí'èr suì.　　Nǐ duō dà?

리우쮀안　二十三岁，
　　　　　Èrshísān suì,

　　　　　你女儿今年几岁？[4]
　　　　　nǐ nǚ'ér jīnnián jǐ suì?

선생님　她今年八岁。
　　　　Tā jīnnián bā suì.

---

1) 또래나 자신보다 나이가 적은 사람에게 일반적으로 나이를 물어볼 때 쓰는 표현이다. 중국어로 나이를 물을 때는 상대의 연령이나 친근한 정도에 따라 다른 표현을 쓴다.

2) '鼠 shǔ 쥐, 牛 niú 소, 虎 hǔ 호랑이, 兔 tù 토끼, 龙 lóng 용, 蛇 shé 뱀, 马 mǎ 말, 羊 yáng 양, 猴 hóu 원숭이, 鸡 jī 닭, 狗 gǒu 개, 猪 zhū 돼지' 12개의 띠가 있다.

3) 자신보다 나이가 많은 사람에게 예의를 갖추어 나이를 물어볼 때 쓰는 표현이다.

4) 주로 10세 이하의 어린아이에게 나이를 물어볼 때 쓰는 표현이다.

# 문법 다지기

## 1 부사 '多'

'多'는 형용사로 쓰이면 '많다'라는 의미이다. 하지만 단음절 형용사 앞에서 부사로 쓰이면 '얼마나' '얼마큼'이라는 의미를 나타내며, 정도나 수량을 묻는 '多 + 형용사' 의문문을 이룬다.

你今年多大?  당신은 올해 몇 살입니까?
Nǐ jīnnián duō dà?

你个子多高?  당신은 키가 얼마나 큽니까?
Nǐ gèzi duō gāo?

你多重?  당신은 몸무게가 얼마입니까?
Nǐ duō zhòng?

## 2 숫자 읽기

중국어로 숫자 읽는 법은 다음과 같다.

| 0 | 1 | 2 | 3 | 4 | 5 | 6 | 7 | 8 | 9 | 10 |
|---|---|---|---|---|---|---|---|---|---|---|
| 零 | 一 | 二 | 三 | 四 | 五 | 六 | 七 | 八 | 九 | 十 |
| líng | yī | èr | sān | sì | wǔ | liù | qī | bā | jiǔ | shí |

백, 천, 만, 억의 단위가 1로 시작할 경우, 반드시 앞에 '一 yī'를 붙인다.

| 100 | 1000 | 10000 | 100000000 |
|---|---|---|---|
| 一百 | 一千 | 一万 | 一亿 |
| yìbǎi | yìqiān | yíwàn | yíyì |

2는 숫자로 쓰이면 '二 èr'로, 양사 앞에 쓰이면 '两 liǎng'으로 읽는다.

六十二  62
liùshí'èr

两个  2개
liǎng ge

# 바꿔 말하기

**1** 주어진 표현을 활용해 바꿔 말해 봅시다. ▶02-11

> 我今年二十一岁。 나는 올해 21살입니다.
> Wǒ jīnnián èrshíyī suì.

(1) 二十二 22
èrshí'èr

(2) 三十五 35
sānshíwǔ

(3) 四十七 47
sìshíqī

**2** 주어진 단어를 활용해 묻고 답해 봅시다. ▶02-12

> A 你属什么? 당신은 무슨 띠입니까?
> Nǐ shǔ shénme?
>
> B 我属马。 나는 말띠예요.
> Wǒ shǔ mǎ.

(1) 牛 소
niú

(2) 兔 토끼
tù

(3) 猴 원숭이
hóu

# 문제로 확인하기

**1** 녹음을 듣고 알맞은 운모와 성조를 표기하세요. ▶02-13

(1) jīnn _____

(2) d _____

(3) sh _____

(4) niánj _____

**2** 녹음을 듣고 알맞은 그림을 선택하세요. ▶02-14

A

B

**3** 대화가 자연스럽게 이어지도록 문장을 연결하세요.

(1) 你多大?　　　　　·

　·　A　她今年八岁。

(2) 你属什么?　　　　·

　·　B　二十三岁。

(3) 你女儿今年几岁?　·

　·　C　四十二岁。

(4) 您多大年纪?　　　·

　·　D　我属马。

**4** 빈칸에 알맞은 한자를 쓰고, 문장의 한어병음을 쓰세요.

| 多 岁 属 几 |
| --- |

〔1〕 당신은 올해 몇 살입니까?

你今年 _____ 大?

한어병음 _____

〔2〕 나는 20살입니다.

我二十 _____ 。

한어병음 _____

〔3〕 나는 토끼띠예요.

我 _____ 兔。

한어병음 _____

〔4〕 당신의 딸은 올해 몇 살이에요?

你女儿今年 _____ 岁?

한어병음 _____

# 단어 써보기

今年
jīnnián
올해

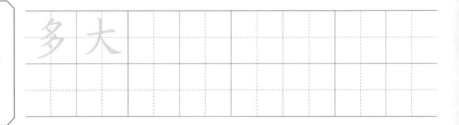

多大
duō dà
몇 살입니까

二十
èrshí
20

年纪
niánjì
나이, 연령

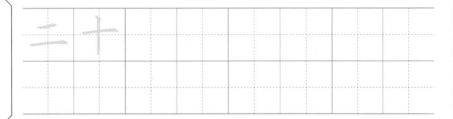

女儿
nǚ'ér
딸

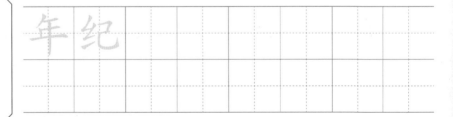

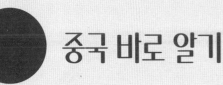

## 중국인의 성씨와 이름

| 순위 | 성씨 |
|:---:|:---:|
| 1 | 王 Wáng 왕 |
| 2 | 李 Lǐ 리 |
| 3 | 张 Zhāng 장 |
| 4 | 刘 Liú 리우 |
| 5 | 陈 Chén 천 |
| 6 | 杨 Yáng 양 |
| 7 | 黄 Huáng 황 |
| 8 | 赵 Zhào 자오 |
| 9 | 吴 Wú 우 |
| 10 | 周 Zhōu 저우 |

* 2019년 중국인 성씨 순위

2019년 기준 중국에서 가장 많은 성씨는 바로 왕씨이다. 리씨는 왕씨에 이어 두 번째로 많은 성씨이다. 세 번째로 많은 성씨는 장씨이다. 중국어의 사자성어 '张三李四 zhāngsānlǐsì'는 어디에나 있는 평범한 사람을 가리키는 것으로 중국인의 성씨 가운데 장씨와 리씨가 많음을 나타낸다. 세 가지 성씨 이외에도 '리우(刘 Liú), 천(陈 Chén), 양(杨 Yáng), 황(黄 Huáng), 자오(赵 Zhào), 우(吴 Wú), 저우(周 Zhōu)'씨를 많이 볼 수 있다. '난(难 Nán), 스(死 Sǐ), 헤이(黑 Hēi), 두(毒 Dú)'씨 같이 특이한 희귀 성씨도 있다.

중국인의 이름은 보통 한 글자나 두 글자로 구성되어 있다. 삼국시대 이전에는 한 글자로 된 이름이 대부분이었을 것으로 추측되는데 진(晉)조 이래 현대까지 두 글자 이름이 보편적으로 사용되고 있다. 같은 글자를 두 번 겹쳐서 이름을 짓기도 한다. 신장(新疆 Xīnjiāng) 지역에서는 더 긴 음절의 이름을 사용하기도 한다. 남자 이름에는 '쥔(军 jūn), 용(勇 yǒng), 웨이(伟 wéi), 차오(超 chāo), 타오(涛 táo)'를, 여자 이름에는 '시우(秀 xiū), 잉(英 yīng), 리(丽 lì), 찡(静 jīng), 팅(婷 tīng)' 등의 글자를 많이 사용한다. 요즘은 뜻을 맞추기보다는 듣기 좋은 이름을 선호하는 경향이 있다.

53

# 03

# 她是谁?

Tā shì shéi?

## 그녀는 누구입니까?

## 미리 보기

---

### UNIT 1 국적·신분

- 국적
- 신분
- '是'자문
- 어기조사 '吗'

### UNIT 2 사물·한자

- 사물
- 한자의 뜻
- 지시대명사 '这(个)'와 '那(个)'
- 조사 '的' (1)

# 生词
## 새 단어 배우기 ▶ 03-01

是 shì 통 ~이다

谁 shéi 대 누구

哪 nǎ 대 어느, 어느 것

国 guó 명 나라

人 rén 명 사람

韩国 Hánguó 고유 한국

吗 ma 조 ~입니까?

那 nà 접 그러면, 그렇다면 [=那么]

们 men
~들 [대명사나 사람을 나타내는 명사 뒤에서 복수를 나타냄]

都 dōu 부 모두

啊 a 조 [문장 끝에서 감탄, 긍정 등의 어기를 나타냄]

他 tā 대 그, 그 남자

学生 xuéshēng 명 학생

对 duì 형 맞다

大学生 dàxuéshēng 명 대학생

上 shàng 동 (학교에) 다니다

哪个 nǎge 대 어느, 어느 것

大学 dàxué 명 대학

清华大学 Qīnghuá Dàxué 고유 칭화대학

学 xué 동 배우다

专业 zhuānyè 명 전공

经营学 jīngyíngxué 명 경영학

**회화 1** 　준서는 리우쥐안에게 친구의 이름과 국적을 물어본다.　▶ 03-02

준서　**她是谁?**
Tā shì shéi?

리우쥐안　**她是李智娥。**
Tā shì Lǐ Zhì'é.

준서　**她是哪国人?**
Tā shì nǎ guó rén?

리우쥐안　**她是韩国人。**
Tā shì Hánguórén.

준서　**是吗? 我也是韩国人。**
Shì ma? Wǒ yě shì Hánguórén.

리우쥐안　**那你们都是韩国人啊!**
Nà nǐmen dōu shì Hánguórén a!

회화 **2**

준서는 다이애나에게 그의 친구에 대하여 물어본다.  ▶ 03-03

준서 **他是学生吗?**
Tā shì xuéshēng ma?

다이애나 **对，他是大学生。**
Duì, tā shì dàxuéshēng.

준서 **他上哪个大学?**
Tā shàng nǎge dàxué?

다이애나 **他上清华大学。**
Tā shàng Qīnghuá Dàxué.

준서 **他学什么专业?**
Tā xué shénme zhuānyè?

다이애나 **他学经营学。**
Tā xué jīngyíngxué.

# 문법 다지기

## 1 '是'자문

'是'가 술어로 쓰인 문장을 '是'자문이라고 한다. '주어 + 是 + 목적어'의 형식으로 쓰며 '是' 뒤의 목적어가 주어의 속성을 설명한다. '是'자문을 부정할 때는 '是' 앞에 부정부사 '不'를 붙인다.

**她是韩国人。** 그녀는 한국인입니다.
Tā shì Hánguórén.

**我不是中国人。** 저는 중국인이 아닙니다.
Wǒ bú shì Zhōnguórén.

**你是韩国人吗?** 당신은 한국인입니까?
Nǐ shì Hánguórén ma?

## 2 어기조사 '吗'

주어진 내용에 대한 청자의 판단을 물을 때는 평서문의 끝에 의문을 나타내는 어기조사 '吗'를 붙인다. '吗'는 '~입니까?'라는 뜻으로, '谁' '哪' '什么'와 같은 의문대명사와는 함께 쓰이지 않는다.

**他是学生吗?** 그는 학생입니까?
Tā shì xuéshēng ma?

**您是张老师吗?** 당신은 장 선생님입니까?
Nín shì Zhāng lǎoshī ma?

**他们也是中国人吗?** 그들도 중국인입니까?
Tāmen yě shì Zhōngguórén ma?

## 바꿔 말하기

**1** 주어진 표현을 활용해 묻고 답해 봅시다. ▶ 03-04

> **A** 她是哪国人? 그녀는 어느 나라 사람입니까?
> Tā shì nǎ guó rén?
>
> **B** 她是韩国人。 그녀는 한국인입니다.
> Tā shì Hánguórén.

(1) 德国人 독일인
Déguórén

(2) 日本人 일본인
Rìběnrén

(3) 法国人 프랑스인
Fǎguórén

**2** 주어진 표현을 활용해 묻고 답해 봅시다. ▶ 03-05

> **A** 他学什么专业? 그는 무슨 전공을 배웁니까?
> Tā xué shénme zhuānyè?
>
> **B** 他学经营学。 그는 경영학을 배워요.
> Tā xué jīngyíngxué.

(1) 英文学 영문학
yīngwénxué

(2) 计算机学 컴퓨터학
jìsuànjīxué

(3) 国际贸易学 국제무역학
guójìmàoyìxué

# 문제로 확인하기

**1** 녹음을 듣고 알맞은 한어병음을 표기하세요. ▶ 03-06

(1) _____  (2) _____

(3) _____ shēng  (4) _____

**2** 녹음을 듣고 알맞은 그림을 선택하세요. ▶ 03-07

A   B

**3** 대화가 자연스럽게 이어지도록 문장을 연결하세요.

(1) 她是谁?　　　　　　　　• 　• A 对，他是大学生。

(2) 她是哪国人?　　　　　• 　• B 他上清华大学。

(3) 他上哪个大学?　　　• 　• C 她是韩国人。

(4) 他是学生吗?　　　　• 　• D 她是李智娥。

**4** 빈칸에 알맞은 한자를 쓰고, 문장의 한어병음을 쓰세요.

| 学 | 都 | 专业 | 日本人 |

〔1〕 그는 경영학을 배워요.

他 _____ 经营学。

한어병음 _____

〔2〕 그러면 당신들 모두 한국인이네요!

那你们 _____ 是韩国人啊！

한어병음 _____

〔3〕 그녀는 일본인입니다.

她是 _____ 。

한어병음 _____

〔4〕 그는 무슨 전공을 배웁니까?

他学什么 _____ ？

한어병음 _____

# 단어 써보기

**韩国**
Hánguó
한국

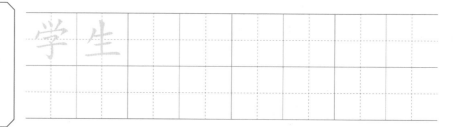

**学生**
xuéshēng
학생

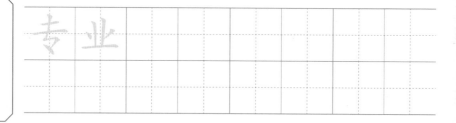

**专业**
zhuānyè
전공

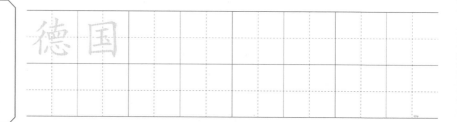

**德国**
Déguó
독일

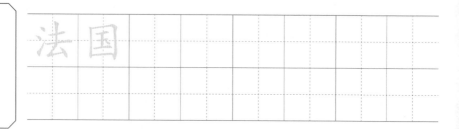

**法国**
Fǎguó
프랑스

# 生词
## 새 단어 배우기 ▶ 03-08

这 zhè 【대】 이, 이것

的 de 【조】 ~의

手机 shǒujī 【명】 휴대폰

那个 nàge 【대】 저, 저것, 그, 그것

那 nà 【대】 저, 저것, 그, 그것

报纸 bàozhǐ 【명】 신문

中国 Zhōngguó 【고유】 중국

这个 zhège 【대】 이, 이것

字 zì 【명】 글자

意思 yìsi 【명】 뜻, 의미

懂 dǒng 【동】 이해하다

明白 míngbai 【동】 이해하다

错 cuò 【형】 틀리다, 맞지 않다

# 회화 익히기

다이애나는 준서에게 주변의 물건이 무엇인지 물어본다. ▶ 03-09

---

다이애나 **这是什么?**
Zhè shì shénme?

준서 **这是我的手机。**
Zhè shì wǒ de shǒujī.

다이애나 **那个呢?**
Nàge ne?

준서 **那是报纸。**
Nà shì bàozhǐ.

다이애나 **那是什么报纸?**
Nà shì shénme bàozhǐ?

준서 **那是中国报纸。**
Nà shì Zhōngguó bàozhǐ.

다이애나는 준서에게 한자의 뜻을 물어본다.

03-10

다이애나 这个字是什么意思?
Zhège zì shì shénme yìsi?

준서 这个 "懂" 字吗?
Zhège "dǒng" zì ma?

다이애나 对。
Duì.

준서 这是 "明白" 的意思。
Zhè shì "míngbai" de yìsi.

다이애나 那这个 "错" 字呢?
Nà zhège "cuò" zì ne?

준서 这个字我也不认识。
Zhège zì wǒ yě bú rènshi.

# 문법 다지기

## 1 지시대명사 '这(个)'와 '那(个)'

지시대명사 '这(个)'는 화자로부터 가까이 있는 것을 가리킬 때, '那(个)'는 화자로부터 멀리 있는 것을 가리킬 때 사용한다.

这个字我也不认识。 이 글자는 저도 모릅니다.
Zhège zì wǒ yě bú rènshi.

那是中国报纸。 그것은 중국 신문입니다.
Nà shì Zhōngguó bàozhǐ.

这是我弟弟。 이 사람은 제 남동생입니다.
Zhè shì wǒ dìdi.

## 2 조사 '的' (1)

조사 '的'는 '~의'라는 뜻을 나타내며 수식하는 말과 수식받는 말을 연결하는 역할을 한다. 친족이나 소속 기관을 나타내는 경우에는 '的'를 생략할 수 있다.

这是我的手机。 이것은 저의 휴대폰입니다.
Zhè shì wǒ de shǒujī.

张强是我的同学。 장챵은 저의 학우입니다.
Zhāng Qiáng shì wǒ de tóngxué.

她是我姐姐。 그녀는 저의 언니입니다.
Tā shì wǒ jiějie.

## 换一换
# 바꿔 말하기

**1** 주어진 표현을 활용해 묻고 답해 봅시다. ▶03-11

> A 这是什么? 이것은 무엇입니까?
> Zhè shì shénme?
>
> B 这是我的手机。 이것은 저의 휴대폰입니다.
> Zhè shì wǒ de shǒujī.

(1) 杯子 컵
bēizi

(2) 花瓶 꽃병
huāpíng

(3) 汉语书 중국어 책
Hànyǔ shū

**2** 주어진 단어를 활용해 묻고 답해 봅시다. ▶03-12

> A 这个字是什么意思? 이 글자는 무슨 뜻입니까?
> Zhège zì shì shénme yìsi?
>
> B 这是 "明白" 的意思。 이것은 '이해하다'라는 뜻입니다.
> Zhè shì "míngbai" de yìsi.

(1) 快 빠르다
kuài

(2) 对 맞다
duì

(3) 多 많다
duō

## 문제로 확인하기

**1** 녹음을 듣고 알맞은 한어병음을 표기하세요. ▶ 03-13

〔1〕 _____ ge

〔2〕 _____ jī

〔3〕 _____ si

〔4〕 _____ bai

〔5〕 bào _____

〔6〕 Zhōng _____

**2** 녹음을 듣고 알맞은 그림을 선택하세요. ▶ 03-14

A

B

**3** 대화가 자연스럽게 이어지도록 문장을 연결하세요.

〔1〕 那这个 "错" 字呢? •

• A 对。

〔2〕 那是什么报纸? •

• B 这个字我也不认识。

〔3〕 这个 "懂" 字吗? •

• C 那是中国报纸。

**4** 빈칸에 알맞은 한자를 쓰고, 문장의 한어병음을 쓰세요.

中国　　什么　　那个　　的

(1) 이것은 무엇입니까?

这是 _____?

[한어병음] _____

(2) 이것은 저의 휴대폰입니다.

这是我 _____ 手机。

[한어병음] _____

(3) 저것은요?

_____ 呢?

[한어병음] _____

(4) 저것은 중국 신문입니다.

那是 _____ 报纸。

[한어병음] _____

# 단어 써보기

**手机**
shǒujī
휴대폰

**那个**
nàge
저, 저것, 그, 그것

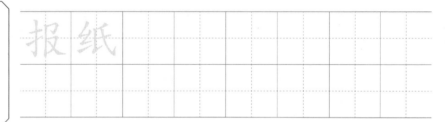

**报纸**
bàozhǐ
신문

**意思**
yìsi
뜻, 의미

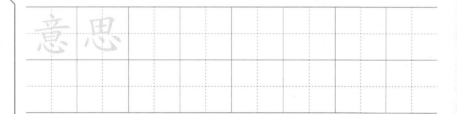

**明白**
míngbai
이해하다

# 중국 바로 알기

## 중국인의 아침 식사

맞벌이 가정이 많은 중국에서는 아침 식사를 주로 밖에서 사 먹기 때문에, 아침에 거리를 지나다 보면 식당이나 노점, 편의점 등에서 아침 식사를 파는 모습을 많이 볼 수 있다. 바쁜 사람들은 아침 식사를 포장해서 학교나 회사에서 먹기도 한다. 최근에는 편의점 간편식 메뉴가 다양해지면서 편의점을 이용하는 사람들이 늘고 있다.

순두부와 비슷한 떠우나오 豆脑 dòunǎo

꽈배기와 비슷한 여우탸오 油条 yóutiáo

콩국과 비슷한 떠우장 豆浆 dòujiāng

작은 만두를 탕으로 끓인 훈툰 馄饨 húntun

찐만두와 비슷한 쟈오즈 饺子 jiǎozi

왕만두와 비슷한 빠오즈 包子 bāozi

찻잎과 향신료를 넣은 물에 계란을 삶은 차지단 茶鸡蛋 chájīdàn

다양한 재료를 넣은 죽 粥 zhōu

# 04

# 你没有哥哥吗?

Nǐ méiyǒu gēge ma?

## 당신은 오빠가 없습니까?

## 미리 보기

---

### UNIT 1 가족

- 가족
- 형제 관계
- '有'자문
- 양사

### UNIT 2 직업

- 직업
- 개사 '在'
- 정반의문문

## 生词
# 새 단어 배우기 ▶ 04-01

家 jiā 명 집

有 yǒu 동 ~이 있다, ~을 가지고 있다

口 kǒu 양 식구

爸爸 bàba 명 아빠, 아버지

妈妈 māma 명 엄마, 어머니

姐姐 jiějie 명 누나, 언니

和 hé 접 ~과

没有 méiyǒu 동 ~이 없다 [=没]

哥哥 gēge 명 형, 오빠

老大 lǎodà 명 맏이, 첫째

老二 lǎo'èr 명 둘째

个 ge 양 명, 개

弟弟 dìdi 명 남동생

兄弟 xiōngdì 명 형제

姐妹 jiěmèi 명 자매

# 회화 익히기

## 회화 1

준서는 리우쥐안에게 가족에 대해 물어본다.

▶ 04-02

준서
**你家有几口人?**
Nǐ jiā yǒu jǐ kǒu rén?

리우쥐안
**我家有四口人。**
Wǒ jiā yǒu sì kǒu rén.

준서
**都有什么人?**
Dōu yǒu shénme rén?

리우쥐안
**爸爸、妈妈、姐姐和我。**
Bàba、māma、jiějie hé wǒ.

준서
**你没有哥哥吗?**
Nǐ méiyǒu gēge ma?

리우쥐안
**没有。**
Méiyǒu.

**회화 2**

왕밍은 다이애나에게 형제 관계를 물어본다.

▶ 04-03

왕밍 你是老大吗?
Nǐ shì lǎodà ma?

다이애나 不，我是老二。
Bù, wǒ shì lǎo'èr.

我有一个姐姐和一个弟弟，你呢?
Wǒ yǒu yí ge jiějie hé yí ge dìdi, nǐ ne?

왕밍 我没有兄弟姐妹。
Wǒ méiyǒu xiōngdì jiěmèi.

다이애나 那你家是三口人吗?
Nà nǐ jiā shì sān kǒu rén ma?

왕밍 对，爸爸、妈妈和我。
Duì, bàba、māma hé wǒ.

# 문법 다지기

### 1  '有'자문

'有'가 술어로 쓰인 문장을 '有'자문이라고 한다. '주어 + 有 + 목적어'의 형식으로 쓰며 주어가 어떤 대상을 소유하거나 존재함을 나타낸다. 부정을 나타낼 때는 '没有'를 사용한다.

**我家有四口人。** 우리 가족은 네 명이에요.
Wǒ jiā yǒu sì kǒu rén.

**我没有哥哥。** 저는 형이 없습니다.
Wǒ méiyǒu gēge.

**你有钱吗?** 당신은 돈이 있습니까?
Nǐ yǒu qián ma?

### 2  양사

중국어에서 사람이나 사물의 수량을 세는 단위를 '양사'라고 한다. 보통 '수사 + 양사 + 명사'의 형식으로 쓴다. 명사에 따라 결합하는 양사가 달라지는데, '个'는 사람과 사물에 모두 쓸 수 있다.

**四口人** 네 식구
sì kǒu rén

**一个哥哥** 형 한 명
yí ge gēge

**一本书** 책 한 권
yì běn shū

**一瓶啤酒** 맥주 한 병
yì píng píjiǔ

**一杯水** 물 한 잔
yì bēi shuǐ

**一只狗** 개 한 마리
yì zhī gǒu

## 바꿔 말하기

**1** 주어진 단어를 활용해 묻고 답해 봅시다. ▶ 04-04

> A 你家有几口人? 당신의 가족은 몇 명입니까?
> Nǐ jiā yǒu jǐ kǒu rén?
>
> B 我家有四口人。 우리 가족은 네 명이에요.
> Wǒ jiā yǒu sì kǒu rén.

(1) 三 3, 셋
sān

(2) 五 5, 다섯
wǔ

(3) 六 6, 여섯
liù

**2** 주어진 표현을 활용해 묻고 답해 봅시다. ▶ 04-05

> A 都有什么人? 모두 어떤 사람이 있어요?
> Dōu yǒu shénme rén?
>
> B 爸爸、妈妈、姐姐和我。 아빠, 엄마, 언니 그리고 저요.
> Bàba、māma、jiějie hé wǒ.

(1) 爸爸、妈妈、两个哥哥和我 아빠, 엄마, 오빠 두 명 그리고 나
bàba、māma、liǎng ge gēge hé wo

(2) 妈妈、一个妹妹和我 엄마, 여동생 한 명 그리고 나
māma、yí ge mèimei hé wǒ

(3) 爷爷、奶奶、爸爸、妈妈和我 할아버지, 할머니, 아빠, 엄마 그리고 나
yéye、nǎinai、bàba、māma hé wǒ

**1**  녹음을 듣고 알맞은 한어병음을 표기하세요. ▶ 04-06

(1) Nǐ _____ yǒu jǐ kǒu rén?

(2) Wǒ jiā yǒu _____ kǒu rén.

(3) Dōu _____ shénme rén?

(4) Bàba、_____ hé wǒ.

**2**  녹음을 듣고 알맞은 그림을 선택하세요. ▶ 04-07

A

B

**3**  대화가 자연스럽게 이어지도록 문장을 연결하세요.

(1) 你家有几口人？ •

(2) 你是老大吗？ •

(3) 你没有哥哥吗？ •

(4) 都有什么人？ •

• A 没有。

• B 爸爸、妈妈、姐姐和我。

• C 不，我是老二。

• D 我家有五口人。

**4** 빈칸에 알맞은 한자를 쓰고, 문장의 한어병음을 쓰세요.

| 没有 | 奶奶 | 姐姐 | 个 |
|------|------|------|-----|

〔1〕 저는 형제자매가 없어요.

我 ＿＿＿＿＿＿＿ 兄弟姐妹。

한어병음 ＿＿＿＿＿＿＿＿＿＿＿＿＿＿＿＿＿＿＿＿＿＿＿＿

〔2〕 엄마, 여동생 한 명 그리고 저요.

妈妈、一 ＿＿＿＿＿＿＿ 妹妹和我。

한어병음 ＿＿＿＿＿＿＿＿＿＿＿＿＿＿＿＿＿＿＿＿＿＿＿＿

〔3〕 할아버지, 할머니, 아빠, 엄마 그리고 저요.

爷爷、＿＿＿＿＿＿＿、爸爸、妈妈和我。

한어병음 ＿＿＿＿＿＿＿＿＿＿＿＿＿＿＿＿＿＿＿＿＿＿＿＿

〔4〕 저는 언니 한 명과 남동생 한 명이 있어요.

我有一个 ＿＿＿＿＿＿＿ 和一个弟弟。

한어병음 ＿＿＿＿＿＿＿＿＿＿＿＿＿＿＿＿＿＿＿＿＿＿＿＿

# 단어 써보기

**姐姐**
jiějie
누나, 언니

**没有**
méiyǒu
~이 없다

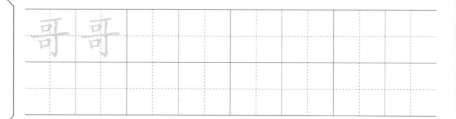

**哥哥**
gēge
형, 오빠

**老大**
lǎodà
맏이, 첫째

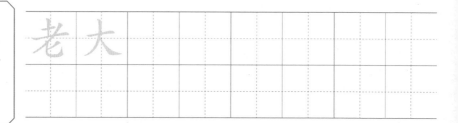

**弟弟**
dìdi
남동생

## 生词
# 새 단어 배우기 ⏵04-08

做 zuò 동 하다

工作 gōngzuò 명 일, 업무

教 jiāo 동 가르치다

汉语 Hànyǔ 명 중국어

在 zài 개 ~에서

哪儿 nǎr 대 어디

公司 gōngsī 명 회사

医院 yīyuàn 명 병원

医生 yīshēng 명 의사

护士 hùshi 명 간호사

# 회화 익히기

**회화 1**

다이애나는 준서에게 아버지가 무슨 일을 하는지 묻는다.  ▶ 04-09

다이애나  **你爸爸做什么工作?**
Nǐ bàba zuò shénme gōngzuò?

준서  **我爸爸是老师。**
Wǒ bàba shì lǎoshī.

다이애나  **他教什么?**
Tā jiāo shénme?

준서  **他教汉语。**
Tā jiāo Hànyǔ.

회화 **2**

준서는 다이애나에게 어머니가 어디서 일하는지 묻는다. ▶ 04-10

준서 你妈妈在哪儿工作?
Nǐ māma zài nǎr gōngzuò?

다이애나 她在公司工作，你妈妈呢?
Tā zài gōngsī gōngzuò, nǐ māma ne?

준서 她在医院工作。
Tā zài yīyuàn gōngzuò.

다이애나 她是不是医生?
Tā shì bu shì yīshēng?

준서 不，她是护士。
Bù, tā shì hùshi.

# 문법 다지기

## 1 개사 '在'

개사 '在'는 '~에서'라는 의미로 행위가 일어나는 장소를 나타낸다. 개사구 '在 + 장소명사'는 문장에서 부사어로 쓰여 술어를 수식하는 역할을 한다.

**她在公司工作。** 그녀는 회사에서 일합니다.
Tā zài gōngsī gōngzuò.

**我在学校等你。** 나는 학교에서 당신을 기다릴게요.
Wǒ zài xuéxiào děng nǐ.

**我们在公园打篮球。** 우리는 공원에서 농구를 합니다.
Wǒmen zài gōngyuán dǎ lánqiú.

## 2 정반의문문

동사의 긍정형과 부정형을 병렬하는 의문문을 '정반의문문'이라고 한다. 가운데의 '不'는 경성으로 읽으며 문장 끝에 '吗'를 사용하지 않는다.

**她是不是医生？** 그녀는 의사입니까?
Tā shì bu shì yīshēng?

**你最近忙不忙？** 당신은 최근에 바쁩니까?
Nǐ zuìjìn máng bu máng?

**你有没有女朋友？** 당신은 여자 친구가 있습니까?
Nǐ yǒu méiyǒu nǚpéngyou?

# 바꿔 말하기

**1** 주어진 단어를 활용해 묻고 답해 봅시다. ▶04-11

> **A** 你爸爸做什么工作? 당신의 아버지는 무슨 일을 합니까?
> Nǐ bàba zuò shénme gōngzuò?
>
> **B** 我爸爸是老师。 저희 아빠는 선생님입니다.
> Wǒ bàba shì lǎoshī.

(1) 警察 경찰
jǐngchá

(2) 作家 작가
zuòjiā

(3) 军人 군인
jūnrén

**2** 주어진 단어를 활용해 묻고 답해 봅시다. ▶04-12

> **A** 你妈妈在哪儿工作? 당신의 어머니는 어디에서 일합니까?
> Nǐ māma zài nǎr gōngzuò?
>
> **B** 她在公司工作。 그녀는 회사에서 일합니다.
> Tā zài gōngsī gōngzuò.

(1) 餐厅 식당
cāntīng

(2) 商店 가게
shāngdiàn

(3) 地铁站 지하철역
dìtiězhàn

85

# 문제로 확인하기

**1** 녹음을 듣고 알맞은 한어병음을 표기하세요. ▶04-13

(1) Nǐ bàba zuò _____ gōngzuò?

(2) Wǒ bàba shì _____.

(3) Nǐ māma zài _____ gōngzuò?

(4) Tā zài _____ gōngzuò.

**2** 녹음을 듣고 알맞은 그림을 선택하세요. ▶04-14

A

B

**3** 대화가 자연스럽게 이어지도록 문장을 연결하세요.

(1) 你爸爸做什么工作? •　　　　　　• A 她在公司工作。

(2) 她是不是医生? •　　　　　　• B 我爸爸是老师。

(3) 你妈妈在哪儿工作? •　　　　　　• C 不，她是护士。

**4** 빈칸에 알맞은 한자를 쓰고, 문장의 한어병음을 쓰세요.

| 警察 | 餐厅 | 汉语 | 呢 |

(1) 그는 중국어를 가르칩니다.

他教 ＿＿＿＿＿＿＿＿＿。

한어병음 ＿＿＿＿＿＿＿＿＿＿＿＿＿＿＿＿＿＿＿＿＿＿＿＿＿＿＿＿

(2) 그녀는 식당에서 일합니다.

她在 ＿＿＿＿＿＿＿＿ 工作。

한어병음 ＿＿＿＿＿＿＿＿＿＿＿＿＿＿＿＿＿＿＿＿＿＿＿＿＿＿＿＿

(3) 저희 아빠는 경찰입니다.

我爸爸是 ＿＿＿＿＿＿＿＿。

한어병음 ＿＿＿＿＿＿＿＿＿＿＿＿＿＿＿＿＿＿＿＿＿＿＿＿＿＿＿＿

(4) 그녀는 회사에서 일합니다. 당신의 어머니는요?

她在公司工作，你妈妈 ＿＿＿＿＿＿＿＿？

한어병음 ＿＿＿＿＿＿＿＿＿＿＿＿＿＿＿＿＿＿＿＿＿＿＿＿＿＿＿＿

**工作**
gōngzuò
일, 업무

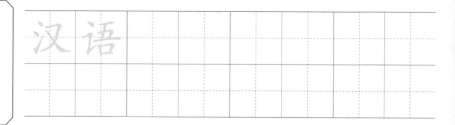

**汉语**
Hànyǔ
중국어

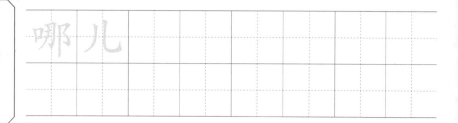

**哪儿**
nǎr
어디

**公司**
gōngsī
회사

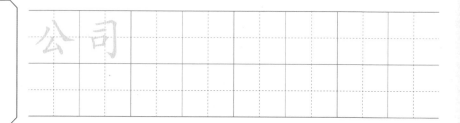

**医院**
yīyuàn
병원

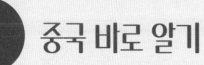
## 중국의 가족 정책

중국에서는 1950~60년대에 베이비붐이 시작되어 인구가 급격히 증가하였다. 1974년 9억여 명이었던 중국의 인구수는 2005년 13억 명을 넘어섰고, 2020년에는 14억 5만 명(대만, 홍콩, 마카오 제외)으로 세계 1위를 차지하고 있다.

정부에서는 폭발적인 인구 증가와 식량 문제 등을 해결하기 위하여 1982년부터 한 가정에 한 명의 아이만 낳을 수 있는 산아 제한 정책(计划生育 jìhuà shēngyù)을 실시하였다. '한 가정 한 자녀' 정책 시행 이후 태어난 외동자녀들은 가정에서 황제와 같은 대접을 받는다고 하여 이들을 가리켜 '소황제(小皇帝 xiǎo huángdì)'라고 한다. 또한 자녀를 둘 이상 낳으면 벌금을 내야 했기 때문에 호적에 올리지 못한 아이들이 생겼는데, 이런 아이들을 '黑孩子 hēi háizi'라고 한다. 이런 아이들은 공교육을 비롯한 사회적 혜택을 받지 못해 사회적인 문제가 되었다.

하지만 이러한 '한 가정 한 자녀' 정책의 시행으로 출생률이 감소한 결과, 고령화와 노동 인구 감소라는 사회 문제가 발생하게 되었다. 이에 2011년에는 부부가 모두 외동이면 두 자녀를 낳을 수 있도록 허용하기 시작하였고, 2014년에는 부부 중 한 명이 외동이면 두 자녀를 낳을 수 있도록 허용하였다. 2016년부터는 '한 가정 두 자녀' 정책을 전면적으로 시행했지만 산아 제한 정책의 완화에도 불구하고 출생률이 회복되지 않아 중국의 경제 성장에 고민거리가 되고 있다.

# 05

# 今天几月几号?

Jīntiān jǐ yuè jǐ hào?

## 오늘은 몇 월 며칠입니까?

미리 보기

### UNIT 1 날짜

- 날짜 표현
- 요일 표현

### UNIT 2 생일·기념일

- 생일
- 기념일
- 연동문
- 어기조사 '吧'

生词
# 새 단어 배우기 ▶ 05-01

今天 jīntiān 명 오늘

月 yuè 명 월

号 hào 명 날, 일

七 qī 수 7, 일곱

班 bān 명 반, 학급

晚会 wǎnhuì 명 이브닝 파티

时候 shíhou 명 때, 시기

参加 cānjiā 동 참가하다

次 cì 양 번, 회

星期 xīngqī 명 요일, 주

星期二 xīngqī'èr 명 화요일

星期四 xīngqīsì 명 목요일

考试 kǎoshì 동 시험을 보다

星期五 xīngqīwǔ 명 금요일

去 qù 동 가다

图书馆 túshūguǎn 명 도서관

# 회화 익히기

회화 **1**

다이애나는 왕밍에게 날짜를 물어본다.　　　　　　　　▶ 05-02

---

다이애나　今天几月几号?
Jīntiān jǐ yuè jǐ hào?

왕밍　今天六月七号。
Jīntiān liù yuè qī hào.

다이애나　我们班的晚会是什么时候?
Wǒmen bān de wǎnhuì shì shénme shíhou?

왕밍　六月十号。
Liù yuè shí hào.

다이애나　你参加这次晚会吗?
Nǐ cānjiā zhè cì wǎnhuì ma?

왕밍　参加。
Cānjiā.

## 회화 2

준서는 리우쥐안에게 요일을 물어본다.

▶ 05-03

준서 **明天星期几?**
Míngtiān xīngqī jǐ?

리우쥐안 **星期二。**
Xīngqī'èr.

준서 **我们星期四考试吗?**
Wǒmen xīngqīsì kǎoshì ma?

리우쥐안 **不，星期五考试。**
Bù, xīngqīwǔ kǎoshì.

준서 **今天下午你去图书馆吗?**
Jīntiān xiàwǔ nǐ qù túshūguǎn ma?

리우쥐안 **去。**
Qù.

## 문법 다지기

### 1 날짜 표현

연도는 한 자리씩 읽고 그 뒤에 '年 nián'을 붙인다.

**2020年** 2020년
èr líng èr líng nián

**1988年** 1988년
yī jiǔ bā bā nián

월은 1~12 뒤에 '月 yuè'를 붙인다.

**八月** 8월
bā yuè

**十二月** 12월
shí'èr yuè

일은 1~31 뒤에 '号 hào'나 '日 rì'를 붙인다. '号'는 입말, '日'는 글말에 주로 사용한다.

**五号** 5일
wǔ hào

**二十七日** 27일
èrshíqī rì

### 2 요일 표현

월요일부터 토요일은 '요일'을 뜻하는 '星期' 뒤에 순서대로 '一, 二, 三, 四, 五, 六'를 붙인다. 일요일은 '星期天 xīngqītiān' 또는 '星期日 xīngqīrì'라고 한다.

| 월요일 | 화요일 | 수요일 | 목요일 |
|---|---|---|---|
| 星期一<br>xīngqīyī | 星期二<br>xīngqī'èr | 星期三<br>xīngqīsān | 星期四<br>xīngqīsì |
| 금요일 | 토요일 | 일요일 | |
| 星期五<br>xīngqīwǔ | 星期六<br>xīngqīliù | 星期天<br>xīngqītiān | 星期日<br>xīngqīrì |

## 换一换
# 바꿔 말하기

**1** 주어진 단어를 활용해 바꿔 말해 봅시다. ▶ 05-04

今天**几月几号?** 오늘은 몇 월 며칠입니까?
Jīntiān jǐ yuè jǐ hào?

(1) 前天 그저께
qiántiān

(2) 昨天 어제
zuótiān

(3) 后天 모레
hòutiān

**2** 주어진 단어를 활용해 묻고 답해 봅시다. ▶ 05-05

A　明天星期几? 내일은 무슨 요일이에요?
　　Míngtiān xīngqī jǐ?

B　星期二。 화요일이에요.
　　Xīngqī'èr.

(1) 星期一 월요일
xīngqīyī

(2) 星期三 수요일
xīngqīsān

(3) 星期六 토요일
xīngqīliù

# 문제로 확인하기

**1** 녹음을 듣고 알맞은 한어병음을 표기하세요. ▶ 05-06

(1) Jīntiān jǐ yuè jǐ _____?

(2) Liù yuè _____ hào.

(3) Bù, _____ kǎoshì.

(4) Wǒmen _____ kǎoshì ma?

**2** 녹음을 듣고 알맞은 그림을 선택하세요. ▶ 05-07

**3** 대화가 자연스럽게 이어지도록 문장을 연결하세요.

(1) 明天星期几?　　　　　　　　•　　　• A 不，星期五考试。

(2) 我们星期四考试吗?　•　　　• B 参加。

(3) 今天几月几号?　　　　•　　　• C 星期二。

(4) 你参加这次晚会吗? •　　　• D 今天六月七号。

**4** 빈칸에 알맞은 한자를 쓰고, 문장의 한어병음을 쓰세요.

| 下午 | 六 | 时候 | 星期 |
|------|-----|------|------|

[1] 오늘 오후에 당신은 도서관에 가나요?

今天 _____ 你去图书馆吗?

한어병음 _____

[2] 우리 반의 이브닝 파티는 언제입니까?

我们班的晚会是什么 _____ ?

한어병음 _____

[3] 6월 10일입니다.

_____ 月十号。

한어병음 _____

[4] 내일은 무슨 요일이에요?

明天 _____ 几?

한어병음 _____

今天
jīntiān
오늘

晚会
wǎnhuì
이브닝 파티

参加
cānjiā
참가하다

星期
xīngqī
요일, 주

考试
kǎoshì
시험을 보다

## 生词
# 새 단어 배우기 ▶ 05-08

生日 shēngrì 명 생일

过 guò 통 지내다

一般 yìbān 부 일반적으로

跟 gēn 개 ~과

家人 jiārén 명 가족, 식구

一起 yìqǐ 부 함께

吃 chī 통 먹다

饭 fàn 명 밥

真 zhēn 부 정말, 진짜

羡慕 xiànmù 통 부러워하다

儿童节 Értóng Jié 명 어린이날

天 tiān 명 날, 일

课 kè 명 수업

打算 dǎsuàn 통 계획하다

事情 shìqing 명 일, 사건

看 kàn 통 보다

电影 diànyǐng 명 영화

吧 ba 조 [제안, 청유의 어기를 나타냄]

왕밍은 다이애나에게 생일이 언제인지 물어본다.                    ▶ 05-09

---

왕밍
### 你的生日是几月几号？
Nǐ de shēngrì shì jǐ yuè jǐ hào?

다이애나
### 五月六号，你呢？
Wǔ yuè liù hào, nǐ ne?

왕밍
### 十一月十四号。
Shíyī yuè shísì hào.

다이애나
### 过生日的时候，你做什么？
Guò shēngrì de shíhou, nǐ zuò shénme?

왕밍
### 我一般跟家人一起吃饭。
Wǒ yìbān gēn jiārén yìqǐ chī fàn.

다이애나
### 是吗？真羡慕你！
Shì ma? Zhēn xiànmù nǐ!

준서는 다이애나에게 어린이날 계획을 물어본다. ▶ 05-10

---

준서 **这个星期四是儿童节。**
Zhège xīngqīsì shì Értóng Jié.

다이애나 **中国的儿童节是六月一号。**
Zhōngguó de Értóng Jié shì liù yuè yī hào.

준서 **那天我们没有课，你打算做什么?**
Nà tiān wǒmen méiyǒu kè, nǐ dǎsuàn zuò shénme?

다이애나 **我没什么事情。**
Wǒ méi shénme shìqing.

준서 **我们一起去看电影吧。**
Wǒmen yìqǐ qù kàn diànyǐng ba.

다이애나 **好啊!**
Hǎo a!

## 문법 다지기

### 1 연동문

연동문은 하나의 주어에 두 개 이상의 동사 혹은 동사구가 술어로 이루어진 문장을 말한다. '주어 + 술어1 (+ 목적어1) + 술어2 (+ 목적어2)'의 형식으로 쓴다.

**我们一起去看电影吧。** 우리 같이 영화 보러 갑시다.
Wǒmen yìqǐ qù kàn diànyǐng ba.

**明天去学校上课。** 내일은 학교에 가서 수업을 들어요.
Míngtiān qù xuéxiào shàngkè.

**我跟大家一起去吃饭。** 저는 여러분과 함께 밥을 먹으러 가요.
Wǒ gēn dàjiā yìqǐ qù chī fàn.

### 2 어기조사 '吧'

'吧'는 문장의 끝에 쓰여 제안, 청유의 어감을 나타낸다. '吧'가 들어가면 문장의 어감이 부드러워지는 효과가 있다.

**我们快回家吧。** 우리 빨리 집으로 돌아갑시다.
Wǒmen kuài huí jiā ba.

**过来，和我们一起看吧。** 이리 오세요. 우리와 함께 봅시다.
Guòlái, hé wǒmen yìqǐ kàn ba.

**明天你来我家吧。** 내일 당신은 우리 집에 오세요.
Míngtiān nǐ lái wǒ jiā ba.

# 바꿔 말하기

**1** 주어진 표현을 활용해 묻고 답해 봅시다. ▶05-11

> A 你的生日是几月几号？ 당신의 생일은 몇 월 며칠입니까?
> Nǐ de shēngrì shì jǐ yuè jǐ hào?
>
> B 五月六号。 5월 6일입니다.
> Wǔ yuè liù hào.

(1) 三 3 ㅣ 二十六 26
   sān      èrshíliù

(2) 六 6 ㅣ 十八 18
   liù      shíbā

(3) 十一 11 ㅣ 三十 30
   shíyī      sānshí

**2** 주어진 표현을 활용해 바꿔 말해 봅시다. ▶05-12

> 中国的儿童节是六月一号。 중국의 어린이날은 6월 1일이에요.
> Zhōngguó de Értóng Jié shì liù yuè yī hào.

(1) 劳动节 노동절 ㅣ 五月一号 5월 1일
   Láodòng Jié      wǔ yuè yī hào

(2) 国庆节 건국기념일 ㅣ 十月一号 10월 1일
   Guóqìng Jié      shí yuè yī hào

(3) 中秋节 중추절 ㅣ 农历八月十五号 음력 8월 15일
   Zhōngqiū Jié      nónglì bā yuè shíwǔ hào

# 문제로 확인하기

**1** 녹음을 듣고 알맞은 한어병음을 표기하세요. ▶05-13

〔1〕 Nǐ de _____ shì jǐ yuè jǐ hào?

〔2〕 Wǔ yuè _____ hào.

〔3〕 Zhège _____ shì Értóng Jié.

〔4〕 Wǒ méi shénme _____.

**2** 녹음을 듣고 알맞은 그림을 선택하세요. ▶05-14

A

B

**3** 대화가 자연스럽게 이어지도록 문장을 연결하세요.

〔1〕 你的生日是几月几号？　　·

· A 我一般跟家人一起吃饭。

〔2〕 过生日的时候，你做什么？·

· B 那天我们没有课。

〔3〕 中国的儿童节是六月一号。·

· C 五月六号。

**4** 빈칸에 알맞은 한자를 쓰고, 문장의 한어병음을 쓰세요.

打算        羡慕        儿童节        电影

(1) 당신은 무엇을 할 계획이에요?

你 _____ 做什么?

한어병음 _____

(2) 중국의 어린이날은 6월 1일이에요.

中国的 _____ 是六月一号。

한어병음 _____

(3) 정말 부러워요!

真 _____ 你!

한어병음 _____

(4) 우리 같이 영화 보러 갑시다.

我们一起去看 _____ 吧。

한어병음 _____

| 生日 shēngrì 생일 | 生 | 日 | | | | | | | |

| 一般 yìbān 일반적으로 | 一 | 般 | | | | | | | |

| 羡慕 xiànmù 부러워하다 | 羡 | 慕 | | | | | | | |

| 事情 shìqing 일, 사건 | 事 | 情 | | | | | | | |

| 电影 diànyǐng 영화 | 电 | 影 | | | | | | | |

# 중국 바로 알기

## 중국의 과일

중국은 땅이 넓어서 다양한 기후가 나타난다. 이 때문에 일 년 열두 달 맛볼 수 있는 과일의 종류가 매우 많다. 열대 과일 등 우리나라에서는 나지 않는 과일도 많이 나는데, 중국과는 FTA가 체결된 만큼 많은 중국 과일이 우리나라에 수입된다.

### 망고스틴 山竹 shānzhú

5월부터 9월에 난다. 껍질을 까면 마늘같이 생긴 하얀 과육이 있는데 달콤한 맛이 난다.

### 여지 荔枝 lìzhī

5월에 많이 난다. 솔방울 같은 붉은 껍질을 까면 안에 포도 같은 과육이 나온다.

### 용과 龙果 lóngguǒ

5월부터 11월에 난다. 선인장과이며 하얀 과육에 검정 씨가 박혀 있다. 단맛이 약하게 나는 담백한 과일이다.

### 하미과 哈密瓜 hāmìguā

7월에서 9월에 난다. 과육은 주황색이지만 맛은 멜론과 유사하다. 노점에서 조각으로 잘라서 파는 모습을 많이 볼 수 있다.

# 06

# 现在几点?
*Xiànzài jǐ diǎn?*

## 지금 몇 시예요?

## 미리 보기

---

### UNIT 1 시간

- 시간
- 하루 일과
- 시간 표현
- 명사 '左右'

### UNIT 2 시간의 양

- 시차
- 시간의 양
- 의문대명사 '多少'
- 조동사 '要'

# 生词
## 새 단어 배우기 ▶ 06-01

**现在** xiànzài 명 지금, 현재

**点** diǎn 양 시

**刻** kè 양 15분

**上课** shàngkè 통 수업하다, 수업을 듣다

**九** jiǔ 수 9, 아홉

**起床** qǐchuáng 통 일어나다, 기상하다

**半** bàn 수 절반, 2분의 1

**早饭** zǎofàn 명 아침밥, 아침 식사

**分** fēn 양 분

**左右** zuǒyòu 명 가량, 안팎

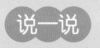

# 회화 익히기

**회화 1** 리우쥐안은 준서에게 수업 시간을 물어본다. ▶ 06-02

리우쥐안 **现在几点?**
Xiànzài jǐ diǎn?

준서 **现在八点一刻。**
Xiànzài bā diǎn yí kè.

리우쥐안 **今天有什么课?**
Jīntiān yǒu shénme kè?

준서 **今天有汉语课。**
Jīntiān yǒu Hànyǔ kè.

리우쥐안 **几点上课?**
Jǐ diǎn shàngkè?

준서 **九点上课。**
Jiǔ diǎn shàngkè.

회화 2

왕밍은 다이애나에게 아침 일과를 물어본다.

▶ 06-03

왕밍
你几点起床?
Nǐ jǐ diǎn qǐchuáng?

다이애나
六点半，你呢?
Liù diǎn bàn, nǐ ne?

왕밍
我七点起床。你几点吃早饭?
Wǒ qī diǎn qǐchuáng. Nǐ jǐ diǎn chī zǎofàn?

다이애나
我一般不吃早饭。你吃早饭吗?
Wǒ yìbān bù chī zǎofàn.　Nǐ chī zǎofàn ma?

왕밍
吃啊，我七点四十分左右吃早饭。
Chī a, wǒ qī diǎn sìshí fēn zuǒyòu chī zǎofàn.

## 1 시간 표현

시간은 '点 시' '分 분' '秒 miǎo 초'를 사용하여 나타낸다. 이 밖에 15분을 나타내는 '刻', 30분을 나타내는 '半'으로 분을 표현할 수 있다. 우리말의 '~시 ~분 전'과 같은 '差 chà'가 있다. 2시는 '二点'이 아닌 '两点'이라고 한다.

2:00 **两点**
liǎng diǎn

2:05 **两点零五**
liǎng diǎn líng wǔ

2:15 **两点十五分**　　　　　**两点一刻**
liǎng diǎn shíwǔ fēn　　　　liǎng diǎn yí kè

2:30 **两点三十分**　　　　　**两点半**
liǎng diǎn sānshí fēn　　　　liǎng diǎn bàn

2:45 **两点四十五分**　　　　　**两点三刻**
liǎng diǎn sìshíwǔ fēn　　　　liǎng diǎn sān kè

2:55 **两点五十五分**　　　　　**差五分三点**
liǎng diǎn wǔshíwǔ fēn　　　　chà wǔ fēn sān diǎn

## 2 명사 '左右'

'左右'는 '가량' '안팎'을 의미하는 명사로서 어림수를 나타낸다. 수량을 나타내는 표현 뒤에 쓰일 수 있으나 일반적인 명사 뒤에는 쓸 수 없다.

**我七点四十分左右吃早饭。** 저는 7시 40분쯤에 아침을 먹어요.
Wǒ qī diǎn sìshí fēn zuǒyòu chī zǎofàn.

**下午一点左右见面吧。** 오후 1시쯤에 만납시다.
Xiàwǔ yī diǎn zuǒyòu jiànmiàn ba.

**还剩一个小时左右。** 아직 한 시간 정도 남았습니다.
Hái shèng yí ge xiǎoshí zuǒyòu.

# 바꿔 말하기

**1** 주어진 표현을 활용해 묻고 답해 봅시다. ▶ 06-04

> **A 现在几点?** 지금 몇 시예요?
> Xiànzài jǐ diǎn?
>
> **B 现在八点一刻。** 지금 8시 15분이에요.
> Xiànzài bā diǎn yí kè.

(1) **九点半** 9시 반
jiǔ diǎn bàn

(2) **五点三十五分** 5시 35분
wǔ diǎn sānshíwǔ fēn

(3) **十二点二十分** 12시 20분
shí'èr diǎn èrshí fēn

**2** 주어진 표현을 활용해 바꿔 말해 봅시다. ▶ 06-05

> **你几点起床?** 당신은 몇 시에 일어납니까?
> Nǐ jǐ diǎn qǐchuáng?

(1) **去打工** 아르바이트 가다
qù dǎgōng

(2) **吃午饭** 점심을 먹다
chī wǔfàn

(3) **洗澡** 샤워하다
xǐzǎo

# 문제로 확인하기

**1** 녹음을 듣고 알맞은 한어병음을 표기하세요. ▶ 06-06

[1] Xiànzài jǐ _____ ?

[2] Xiànzài bā diǎn yí _____ .

[3] Wǒ qī diǎn _____ .

[4] Wǒ _____ bù chī zǎofàn.

**2** 녹음을 듣고 알맞은 그림을 선택하세요. ▶ 06-07

A

B

**3** 대화가 자연스럽게 이어지도록 문장을 연결하세요.

[1] 现在几点? •

[2] 你几点吃早饭? •

[3] 你几点起床? •

[4] 今天有什么课? •

• A 我七点起床。

• B 今天有汉语课。

• C 现在八点一刻。

• D 我一般不吃早饭。

**4** 빈칸에 알맞은 한자를 쓰고, 문장의 한어병음을 쓰세요.

| 早饭 | 左右 | 上课 | 点 |

[1] 6시 반이요.

六 ＿＿＿＿＿＿＿＿ 半。

한어병음 ＿＿＿＿＿＿＿＿＿＿＿＿＿＿＿＿＿＿＿＿＿

[2] 당신은 아침을 먹습니까?

你吃 ＿＿＿＿＿＿＿＿ 吗?

한어병음 ＿＿＿＿＿＿＿＿＿＿＿＿＿＿＿＿＿＿＿＿＿

[3] 저는 7시 40분쯤에 아침을 먹어요.

我七点四十分 ＿＿＿＿＿＿＿＿ 吃早饭。

한어병음 ＿＿＿＿＿＿＿＿＿＿＿＿＿＿＿＿＿＿＿＿＿

[4] 몇 시에 수업해요?

几点 ＿＿＿＿＿＿＿＿?

한어병음 ＿＿＿＿＿＿＿＿＿＿＿＿＿＿＿＿＿＿＿＿＿

## 写一写
# 단어 써보기

| 现在<br>xiànzài<br>지금, 현재 | 现 在 |
|---|---|

| 上课<br>shàngkè<br>수업하다,<br>수업을 듣다 | 上 课 |
|---|---|

| 起床<br>qǐchuáng<br>일어나다, 기상하다 | 起 床 |
|---|---|

| 早饭<br>zǎofàn<br>아침밥, 아침 식사 | 早 饭 |
|---|---|

| 左右<br>zuǒyòu<br>가량, 안팎 | 左 右 |
|---|---|

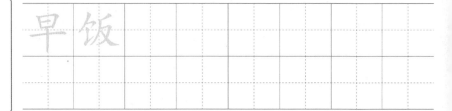

## 生词
# 새 단어 배우기 ▶ 06-08

美国 Měiguó 고유 미국

时差 shíchā 명 시차

多少 duōshao 대 얼마, 몇

大概 dàgài 부 대략

小时 xiǎoshí 양 시간

英语 Yīngyǔ 명 영어

开始 kāishǐ 동 시작하다

快 kuài 부 빨리

走 zǒu 동 가다

别 bié 부 ~하지 마라

着急 zháojí 형 조급하다

还 hái 부 아직

要 yào 조동 ~해야 한다

教室 jiàoshì 명 교실

两 liǎng 수 2, 둘

# 회화 익히기

**회화 1**

준서는 다이애나에게 미국의 시간을 물어본다.

▶ 06-09

준서  **美国现在几点?**
Měiguó xiànzài jǐ diǎn?

다이애나  **现在晚上十一点。**
Xiànzài wǎnshang shíyī diǎn.

준서  **是吗? 韩国和美国的时差是多少?**
Shì ma? Hánguó hé Měiguó de shíchā shì duōshao?

다이애나  **大概十四个小时。**
Dàgài shísì ge xiǎoshí.

준서는 리우쥐안에게 시험 시간을 물어본다.　　▶ 06-10

준서　　**英语考试几点开始?**
Yīngyǔ kǎoshì jǐ diǎn kāishǐ?

리우쥐안　　**三点。**
Sān diǎn.

준서　　**那我们快走吧。**
Nà wǒmen kuài zǒu ba.

리우쥐안　　**你别着急。**
Nǐ bié zháojí.

**现在一点半，还有一个半小时。**
Xiànzài yī diǎn bàn, hái yǒu yí ge bàn xiǎoshí.

준서　　**我们要几点去教室?**
Wǒmen yào jǐ diǎn qù jiàoshì?

리우쥐안　　**两点五十分。**
Liǎng diǎn wǔshí fēn.

# 문법 다지기

## 1 의문대명사 '多少'

'多少'는 수량을 물어볼 때 사용하는 의문대명사로서 '몇' '얼마'라는 뜻이다. 주로 10 이상의 수량을 물어볼 때 사용한다.

**韩国和美国的时差是多少?** 한국과 미국의 시차는 얼마예요?
Hánguó hé Měiguó de shíchā shì duōshao?

**你的电话号码是多少?** 당신의 전화번호는 몇 번이에요?
Nǐ de diànhuà hàomǎ shì duōshao?

**他们班有多少个学生?** 그들 반에는 몇 명의 학생이 있어요?
Tāmen bān yǒu duōshao ge xuéshēng?

## 2 조동사 '要'

조동사 '要'는 '~해야 한다'라는 의미로 동사 앞에 쓰여 당위를 나타낸다.

**我们要几点去教室?** 우리는 몇 시에 교실에 가야 합니까?
Wǒmen yào jǐ diǎn qù jiàoshì?

**明天我要上班吗?** 내일 저는 출근해야 합니까?
Míngtiān wǒ yào shàngbān ma?

'~하려고 한다'라는 의미로 사용되기도 한다.

**他要去北京旅行。** 그는 베이징에 여행을 가려고 합니다.
Tā yào qù Běijīng lǚxíng.

# 바꿔 말하기

**1** 주어진 단어를 활용해 묻고 답해 봅시다. ▶06-11

> A  **美国**现在几点? 미국은 지금 몇 시예요?
>    Měiguó xiànzài jǐ diǎn?
>
> B  现在**晚上十一点**。지금 저녁 11시예요.
>    Xiànzài wǎnshang shíyī diǎn.

(1) 早上 아침 ｜ 六 6
　　zǎoshang 　　 liù

(2) 中午 정오 ｜ 十二 12
　　zhōngwǔ 　　 shí'èr

(3) 下午 오후 ｜ 四 4
　　xiàwǔ 　　 sì

**2** 주어진 단어를 활용해 묻고 답해 봅시다. ▶06-12

> A  韩国和**美国**的时差是多少? 한국과 미국의 시차는 얼마예요?
>    Hánguó hé Měiguó de shíchā shì duōshao?
>
> B  大概**十四**个小时。대략 14시간이요.
>    Dàgài shísì ge xiǎoshí.

(1) 中国 중국 ｜ 一 1
　　Zhōngguó 　　 yī

(2) 法国 프랑스 ｜ 八 8
　　Fǎguó 　　 bā

(3) 英国 영국 ｜ 九 9
　　Yīngguó 　　 jiǔ

**1** 녹음을 듣고 알맞은 한어병음을 표기하세요. ▶06-13

(1) Xiànzài yī diǎn _____.

(2) Xiànzài _____ liù diǎn.

(3) Nà wǒmen _____ zǒu ba.

(4) Dàgài shísì ge _____.

**2** 녹음을 듣고 미국의 현재 시간을 선택하세요. ▶06-14

A

B

**3** 대화가 자연스럽게 이어지도록 문장을 연결하세요.

(1) 美国现在几点?      •      • A 现在晚上十一点。

(2) 韩国和美国的时差是多少?      •      • B 你别着急。

(3) 那我们快走吧。      •      • C 大概十四个小时。

**4** 빈칸에 알맞은 한자를 쓰고, 문장의 한어병음을 쓰세요.

| 中午 要 小时 两 |
|---|

〔1〕 지금 정오 12시예요.

现在 _____ 十二点。

한어병음 _____

〔2〕 우리는 몇 시에 교실에 가야 합니까?

我们 _____ 几点去教室?

한어병음 _____

〔3〕 2시 50분이요.

_____ 点五十分。

한어병음 _____

〔4〕 아직 한 시간 반이 남았어요.

还有一个半 _____。

한어병음 _____

| 美国<br>Měiguó<br>미국 |  |
| 时差<br>shíchā<br>시차 | |
| 大概<br>dàgài<br>대략 | |
| 开始<br>kāishǐ<br>시작하다 | 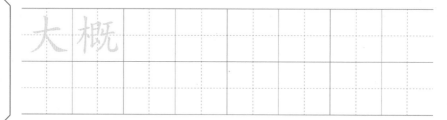 |
| 着急<br>zháojí<br>조급하다 | 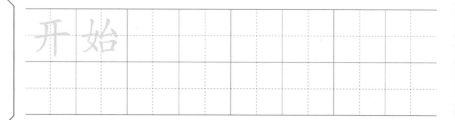 |

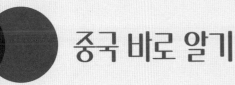

# 중국 바로 알기

## 중국인의 하루 일과

중국인의 하루는 이른 아침부터 시작된다. 중국인들은 아침에 일어나면 시장에 가서 장을 보거나 운동을 한다. 공원이나 운동장에 가면 아침 운동을 하는 사람들이 많다. 중국의 공원에는 공공시설이 잘 마련되어 있어서 탁구나 배드민턴을 즐기거나 여러 운동 기구를 활용하여 운동을 하는 사람이 많다. 공원뿐만 아니라 동네의 공터에서도 중국의 전통 무술인 태극권을 하는 모습이나 여러 사람이 함께 음악에 맞추어 다양한 춤을 추는 모습을 볼 수 있다.

광장에서 춤을 추는 사람들

아침 식사를 판매하는 가게

아침 식사는 집에서 해 먹기보다는 주로 밖에서 사 먹는 경우가 많다. 직장인들은 아침 식사를 사서 회사에서 먹기도 하고 요즘에는 편의점에서 간단하게 먹기도 한다. 점심시간은 보통 11시에 시작하는데, 이 시간부터 식당은 매우 붐빈다. 하루 일과가 끝나고 저녁에 집에서 식사를 할 때에는 남자든 여자든 같이 준비한다.

중국인들은 전통적으로 침대 생활을 해 왔기 때문에 바닥에 앉지 않는다. 그래서 집에서도 신발을 신고 생활하는 경우가 많다. 온돌로 난방을 하는 우리나라와는 달리 히터로 난방을 해서 실내가 건조하기 때문에 가습기를 많이 사용한다.

# 07

# 服务员，点菜!

*Fúwùyuán, diǎn cài!*

## 여기요, 주문이요!

想一想

## 미리 보기

### UNIT 1 주문

- 음식 주문
- 음료 주문
- 조사 '的' (2)
- 접속사 '还是'

### UNIT 2 맛

- 맛 표현
- 제안
- A是A, 不过B
- '有点儿'과 '一点儿'

## 生词
# 새 단어 배우기 ▶ 07-01

服务员 fúwùyuán 몡 종업원

点 diǎn 통 주문하다

菜 cài 몡 요리

要 yào 통 원하다, 필요하다

来 lái 통 오다, (어떤 동작·행동을) 하다

鱼香肉丝 yúxiāngròusī 몡 위샹러우쓰
[길게 썬 고기와 채소를 새콤달콤한 양념에 볶은 요리]

麻婆豆腐 mápódòufu 몡 마파두부
[두부와 다진 고기를 매콤하고 얼얼한 양념에 볶은 요리]

还 hái 뷔 또, 더, 게다가

别 bié 혱 다르다

的 de
조 [중심어가 없는 '的'자 구조를 이루어 명사로 만듦]

再 zài 뷔 다시

碗 wǎn 양 그릇

米饭 mǐfàn 몡 쌀밥, 공기밥

喝 hē 통 마시다

美式咖啡 měishì kāfēi 몡 아메리카노

拿铁 nátiě 몡 라테

冰 bīng 통 차다, 차갑다

还是 háishi 젭 아니면, 또는

热 rè 혱 뜨겁다, 덥다

带 dài 통 지니다, 휴대하다

这儿 zhèr 데 여기, 이곳

块 kuài 양 조각, 덩어리

芝士 zhīshì 몡 치즈

蛋糕 dàngāo 몡 케이크

# 회화 익히기

**회화 1** 왕밍은 식당에서 음식을 주문한다.  ▶ 07-02

왕밍
**服务员，点菜!**
Fúwùyuán, diǎn cài!

종업원
**你要什么?**
Nǐ yào shénme?

왕밍
**来一个鱼香肉丝、一个麻婆豆腐。**
Lái yí ge yúxiāngròusī、yí ge mápódòufu.

종업원
**还要别的吗?**
Hái yào bié de ma?

왕밍
**再来两碗米饭。**
Zài lái liǎng wǎn mǐfàn.

## 회화 2

준서와 다이애나는 카페에서 음료를 주문한다.

07-03

준서 **我要喝美式咖啡，你呢？**
Wǒ yào hē měishì kāfēi, nǐ ne?

다이애나 **我要拿铁。**
Wǒ yào nátiě.

종업원 **你们要冰的还是热的？**
Nǐmen yào bīng de háishi rè de?

준서 **都要冰的。**
Dōu yào bīng de.

종업원 **要带走吗？**
Yào dài zǒu ma?

준서 **在这儿喝。　再来一块芝士蛋糕吧。**
Zài zhèr hē.　Zài lái yí kuài zhīshì dàngāo ba.

# 문법 다지기

## 1 조사 '的' (2)

조사 '的'는 명사, 대명사, 동사, 형용사의 뒤에서 '的'자 구조를 이루어 명사로 만드는 역할을 한다.
'的'자 구조는 '~한 것'이라는 의미를 나타내며 문장에서 주어나 목적어로 사용된다. '的' 뒤의 명사는
생략한다.

都要冰的。 모두 차가운 것을 원해요.
Dōu yào bīng de.

这本书不是我的。 이 책은 제 것이 아니에요.
Zhè běn shū bú shì wǒ de.

我爱吃辣的。 저는 매운 것을 먹는 걸 좋아해요.
Wǒ ài chī là de.

## 2 접속사 '还是'

두 가지 항목에서 한 가지를 선택하도록 하는 의문문을 선택의문문이라고 한다. 일반적으로 접속사
'还是'를 사용한다.

你们要冰的还是热的? 차가운 것을 원합니까, 아니면 뜨거운 것을 원합니까?
Nǐmen yào bīng de háishi rè de?

这个钱包是你的还是他的? 이 지갑은 당신 것인가요, 아니면 그의 것인가요?
Zhège qiánbāo shì nǐ de háishi tā de?

你去还是他去? 당신이 가나요, 아니면 그가 가나요?
Nǐ qù háishi tā qù?

## 换一换
# 바꿔 말하기

**1** 주어진 단어를 활용해 바꿔 말해 봅시다. ▶ 07-04

> 来一个鱼香肉丝。 위샹러우쓰 하나 주세요.
> Lái yí ge yúxiāngròusī.

(1) 杯 잔 ｜ 矿泉水 생수
　　bēi　　　kuàngquánshuǐ

(2) 瓶 병 ｜ 啤酒 맥주
　　píng　　píjiǔ

(3) 只 마리 ｜ 烤鸭 오리구이
　　zhī　　　kǎoyā

**2** 주어진 단어를 활용해 바꿔 말해 봅시다. ▶ 07-05

> 你们要冰的还是热的? 차가운 것을 원합니까, 아니면 뜨거운 것을 원합니까?
> Nǐmen yào bīng de háishi rè de?

(1) 中餐 중식 ｜ 西餐 양식
　　zhōngcān　　xīcān

(2) 汤 국 ｜ 沙拉 샐러드
　　tāng　　shālā

(3) 茶 차 ｜ 咖啡 커피
　　chá　　kāfēi

# 문제로 확인하기

**1** 녹음을 듣고 알맞은 그림에 A, B, C를 써 넣으세요. ▶ 07-06

(1)　　　　　　　　　　　(2)　　　　　　　　　　　(3)

(　　　　　　　)　　　　(　　　　　　　)　　　　(　　　　　　　)

**2** 녹음을 듣고 내용과 일치하면 ○, 일치하지 않으면 ✕를 표시하세요. ▶ 07-07

(1) 男的是服务员。　　　　　　　　　　　(　　　　)

(2) 女的要吃鱼香肉丝。　　　　　　　　　(　　　　)

(3) 女的要点三个菜。　　　　　　　　　　(　　　　)

(4) 女的还要点米饭。　　　　　　　　　　(　　　　)

*女 nǚ 몡 여자 | 男 nán 몡 남자

**3** 한어병음에 해당하는 단어를 연결하세요.

(1) mǐfàn　　　　　•　　　　　　• A 服务员

(2) yúxiāngròusī　•　　　　　　• B 美式咖啡

(3) fúwùyuán　　　•　　　　　　• C 米饭

(4) měishì kāfēi　•　　　　　　• D 鱼香肉丝

**4** 의미에 맞게 주어진 단어를 바르게 배열하세요.

〔1〕还是 | 你们 | 冰的 | 要 | 热的

차가운 것을 원합니까, 아니면 뜨거운 것을 원합니까?

→ _____

〔2〕美式咖啡 | 喝 | 要 | 我

저는 아메리카노를 마실래요.

→ _____

〔3〕吗 | 还 | 要 | 别的

또 다른 것이 필요하세요?

→ _____

〔4〕一 | 块 | 芝士蛋糕 | 再 | 来 | 吧

치즈 케이크도 한 조각 주세요.

→ _____

**米饭**
mǐfàn
쌀밥, 공기밥

**拿铁**
nátiě
라테

**还是**
háishi
아니면, 또는

**这儿**
zhèr
여기, 이곳

**蛋糕**
dàngāo
케이크

生词
# 새 단어 배우기 ▶ 07-08

羊肉串 yángròuchuàn 명 양꼬치

味道 wèidao 명 맛

怎么样 zěnmeyàng 대 어떠하냐, 어떠하다

好吃 hǎochī 형 맛있다

不过 búguò 접 그런데, 하지만

有点儿 yǒudiǎnr 부 조금, 약간

咸 xián 형 짜다

一点儿 yìdiǎnr 양 조금 [=点儿]

水 shuǐ 명 물

甜 tián 형 달다

觉得 juéde 동 ~라고 느끼다, ~라고 여기다

红烧肉 hóngshāoròu 명 홍샤오러우 [간장으로 만든 양념에 돼지고기를 조린 요리]

油腻 yóunì 형 느끼하다

下 xià 명 나중, 다음

主意 zhǔyi 명 생각, 의견

# 회화 익히기

**회화 1**  리우쮀안과 준서는 식당에서 양꼬치를 먹는다.  ▶ 07-09

---

리우쮀안  **羊肉串味道怎么样？**
Yángròuchuàn wèidao zěnmeyàng?

준서  **好吃是好吃，不过有点儿咸。**
Hǎochī shì hǎochī, búguò yǒudiǎnr xián.

리우쮀안  **那么喝点儿水吧。**
Nàme hē diǎnr shuǐ ba.

준서  **好的，谢谢！**
Hǎo de, xièxie!

회화 **2**   왕밍과 다이애나는 식당에서 중국 요리를 먹는다.   ▶ 07-10

............................................................................................................

왕밍 　鱼香肉丝不甜吗?
Yúxiāngròusī bù tián ma?

다이애나 　不甜，很好吃。
Bù tián, hěn hǎochī.

왕밍 　我也觉得很好吃，红烧肉呢?
Wǒ yě juéde hěn hǎochī, hóngshāoròu ne?

다이애나 　有点儿油腻。
Yǒudiǎnr yóunì.

왕밍 　是吗? 那下次我们吃别的菜吧!
Shì ma? Nà xià cì wǒmen chī bié de cài ba!

다이애나 　好主意!
Hǎo zhǔyi!

## 1 A是A, 不过B

동사 '是'의 앞뒤로 같은 말을 반복하여 'A는 A하지만 B하다'라는 의미로 사용된다. A의 자리에는 주로 동사나 형용사가 쓰인다. '不过'는 '可是 kěshì'로 바꾸어 쓸 수도 있다.

**好吃是好吃，不过有点儿咸。** 맛있기는 맛있는데, 조금 짜요.
Hǎochī shì hǎochī, búguò yǒudiǎnr xián.

**这件衣服贵是贵，不过质量很好。** 이 옷은 비싸기는 비싼데, 품질이 좋습니다.
Zhè jiàn yīfu guì shì guì, búguò zhìliàng hěn hǎo.

**便宜是便宜，可是只有一种颜色。** 싸기는 싼데, 한 가지 색깔밖에 없습니다.
Piányi shì piányi, kěshì zhǐ yǒu yì zhǒng yánsè.

## 2 '有点儿'과 '一点儿'

'有点儿'과 '一点儿'은 모두 '조금' '약간'이라는 뜻이다. 하지만 '有点儿'은 술어 앞에서 부사어로 사용된다. 형용사 앞에 쓰일 때는 화자의 입장에서 불만족스럽거나 부정적인 상황임을 내포한다.

**有点儿油腻。** 조금 느끼해요.
Yǒudiǎnr yóunì.

**这张桌子有点儿脏。** 이 책상은 조금 더러워요.
Zhè zhāng zhuōzi yǒudiǎnr zāng.

'一点儿'은 술어 뒤에서 보어로 사용된다. '一'는 생략할 수 있다.

**那么喝点儿水吧。** 그러면 물을 좀 마셔요.
Nàme hē diǎnr shuǐ ba.

**小李，吃一点东西吧。** 샤오리, 뭐 좀 먹어요.
Xiǎolǐ, chī yìdiǎn dōngxi ba.

# 바꿔 말하기

**1** 주어진 단어를 활용해 바꿔 말해 봅시다. ▶07-11

好吃是好吃，不过有点儿咸。 맛있기는 맛있는데, 조금 짜요.
Hǎochī shì hǎochī, búguò yǒudiǎnr xián.

〔1〕 方便 편리하다 ｜ 慢 느리다
　　 fāngbiàn　　　　 màn

〔2〕 好看 예쁘다 ｜ 贵 비싸다
　　 hǎokàn　　　　 guì

〔3〕 难看 못생기다 ｜ 可爱 귀엽다
　　 nánkàn　　　　 kě'ài

**2** 주어진 단어를 활용해 묻고 답해 봅시다. ▶07-12

A 　鱼香肉丝不甜吗? 위샹러우쓰는 달지 않나요?
　　 Yúxiāngròusī bù tián ma?

B 　不甜，很好吃。 달지 않아요. 맛있어요.
　　 Bù tián, hěn hǎochī.

〔1〕 酸 시다
　　 suān

〔2〕 苦 쓰다
　　 kǔ

〔3〕 辣 맵다
　　 là

# 문제로 확인하기

**1** 녹음을 듣고 알맞은 그림에 A, B, C를 써 넣으세요. ▶07-13

(1)

( )

(2)

( )

(3)

( )

**2** 녹음을 듣고 내용과 일치하면 ○, 일치하지 않으면 X를 표시하세요. ▶07-14

(1) 男的说鱼香肉丝不甜。 ( )

(2) 女的说鱼香肉丝很好吃。 ( )

(3) 男的说红烧肉有点儿油腻。 ( )

(4) 他们下次要吃别的菜。 ( )

*说 shuō 통 말하다

**3** 한어병음에 해당하는 단어를 연결하세요.

(1) wèidao ·

(2) yóunì ·

(3) zhǔyi ·

(4) hǎochī ·

· A 主意

· B 好吃

· C 油腻

· D 味道

**4** 의미에 맞게 주어진 단어를 바르게 배열하세요.

⑴ 味道 ｜ 怎么样 ｜ 羊肉串

양꼬치는 맛이 어때요?

→ _____

⑵ 有点儿 ｜ 咸 ｜ 不过

그런데 조금 짜요.

→ _____

⑶ 好吃 ｜ 也 ｜ 觉得 ｜ 很 ｜ 我

저도 아주 맛있다고 생각해요.

→ _____

⑷ 吃 ｜ 吧 ｜ 别的 ｜ 菜 ｜ 我们 ｜ 下 ｜ 次 ｜ 那

그러면 다음번에는 우리 다른 요리를 먹읍시다!

→ _____

# 단어 써보기

| 味道 wèidao 맛 | 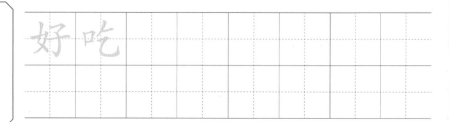 |
|---|---|

| 好吃 hǎochī 맛있다 | 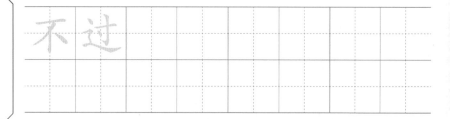 |
|---|---|

| 不过 búguò 그런데, 하지만 | |
|---|---|

| 觉得 juéde ～라고 느끼다, ～라고 여기다 | |
|---|---|

| 主意 zhǔyi 생각, 의견 | 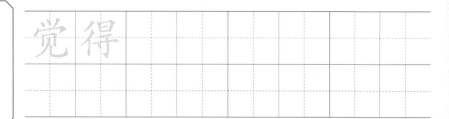 |
|---|---|

# 중국 바로 알기

## 중국의 4대 요리

중국에는 '民以食为天 mínyǐshíwéitiān'이라는 말이 있다. 이는 '백성은 먹을 것을 하늘로 섬긴다'라는 뜻으로 중국인이 먹는 것을 얼마나 중요하게 여기는지 알 수 있다. 중국은 지역별로 특색 있는 요리가 발달했는데, 그중 베이징(北京 Běijīng), 쓰촨(四川 Sìchuān), 광둥(广东 Guǎngdōng), 상하이(上海 Shànghǎi)의 요리가 중국의 4대 요리로 손꼽힌다. 각 4대 요리를 대표하는 음식을 알아보자.

베이징

**오리구이 北京烤鸭 Běijīng kǎoyā**
오리를 통째로 높은 온도에 구운 것이다. 대표적인 베이징 오리구이 전문점인 취안쥐더(全聚德 Quánjùdé)는 150여 년의 역사를 자랑한다.

쓰촨

**마파두부 麻婆豆腐 mápódòufu**
매콤한 양념에 다진 고기와 두부를 볶아서 만든 요리이다. 산초(花椒 huājiāo)가 들어가 혀가 마비되는 듯한 느낌이 드는 것이 특징이다.

광둥

**딤섬 点心 diǎnxīn**
'마음에 점을 찍다'라는 뜻을 가진 딤섬은 점심시간 전후에 간단하게 먹는 음식을 뜻한다. 만두류나 춘권 등 종류가 200여 가지에 달한다.

상하이

**털게 요리 大闸蟹 dàzháxiè**
항구 도시인 상하이는 해산물을 이용한 요리가 발달했다. 그중 간장과 설탕을 넣어 달콤하고 기름진 맛을 내는 민물 털게 요리가 가장 유명하다.

# 08

# 这件衣服多少钱?

Zhè jiàn yīfu duōshao qián?

## 이 옷은 얼마예요?

想一想

## 미리 보기

---

### UNIT 1 가격

- 과일 구매
- 옷 구매
- 금액 표현
- 동사 중첩

### UNIT 2 교환·반품

- 교환
- 반품
- 조동사 '想'
- ……, 可以吗?

## 生词
# 새 단어 배우기 ▶ 08-01

桃子 táozi 명 복숭아

钱 qián 명 돈

斤 jīn 양 근 [약 500g]

块 kuài 양 위안 [중국의 화폐 단위]

葡萄 pútao 명 포도

怎么 zěnme 대 어떻게, 왜

卖 mài 동 팔다

一共 yígòng 부 모두, 총

件 jiàn 양 벌 [옷을 세는 양사]

衣服 yīfu 명 옷

百 bǎi 수 백(100)

可以 kěyǐ 조동 ~해도 된다, ~해도 좋다

试 shì 동 시험 삼아 해 보다

# 회화 익히기

**회화 1** 준서는 과일을 사려고 한다. ▶ 08-02

준서 **桃子多少钱一斤?**
Táozi duōshao qián yì jīn?

판매원 **三块七。**
Sān kuài qī.

준서 **葡萄怎么卖?**
Pútao zěnme mài?

판매원 **六块。**
Liù kuài.

준서 **我要一斤桃子和两斤葡萄,**
Wǒ yào yì jīn táozi hé liǎng jīn pútao,

**一共多少钱?**
yígòng duōshao qián?

판매원 **一共十五块七。**
Yígòng shíwǔ kuài qī.

회화 **2** 준서는 옷을 사려고 한다.  ▶ 08-03

준서 **这件衣服多少钱?**
Zhè jiàn yīfu duōshao qián?

판매원 **三百五。**
Sānbǎi wǔ.

준서 **那件呢?**
Nà jiàn ne?

판매원 **三百八。**
Sānbǎi bā.

준서 **我可以试一试吗?**
Wǒ kěyǐ shì yi shì ma?

판매원 **可以。**
Kěyǐ.

# 문법 다지기

## 1 금액 표현

중국의 화폐 단위는 '위안'이다. 중국 화폐의 단위는 다음과 같이 세 가지로 나누어진다.

| 입말 | 块 kuài | 毛 máo | 分 fēn |
|---|---|---|---|
| 글말 | 元 yuán | 角 jiǎo | 分 fēn |

중간에 '0'이 있으면 개수에 상관없이 '零 líng'을 한 번만 넣어 읽는다.

108 一百零八
　　yìbǎi líng bā

2008 两千零八
　　 liǎngqiān líng bā

'0'으로 끝나는 수의 마지막 단위는 생략할 수 있다.

150 一百五(十)
　　yìbǎi wǔ(shí)

1500 一千五(百)
　　 yìqiān wǔ(bǎi)

## 2 동사 중첩

동사를 중첩하면 동작이 일어나는 시간이 짧고, 한번 시도해 본다는 의미를 나타낸다. 1음절 동사는 'AA' 형식으로 중첩하고, 두 번째 동사는 경성으로 발음한다. 동사와 동사 사이에 '一'를 사용할 수 있다.

我可以试一试吗? 제가 좀 입어 봐도 되나요?
Wǒ kěyǐ shì yi shì ma?

我们再看看吧。 우리 다시 좀 봐요.
Wǒmen zài kànkan ba.

你听一听，我的心跳。 제 심장 박동 소리를 좀 들어 보세요.
Nǐ tīng yi tīng, wǒ de xīntiào.

## 换一换
# 바꿔 말하기

**1** 주어진 단어를 활용해 바꿔 말해 봅시다. ▶ 08-04

桃子**多少钱一斤?** 복숭아는 한 근에 얼마예요?
Táozi duōshao qián yì jīn?

(1) 香蕉 바나나
xiāngjiāo

(2) 芒果 망고
mángguǒ

(3) 草莓 딸기
cǎoméi

**2** 주어진 단어를 활용해 바꿔 말해 봅시다. ▶ 08-05

这件衣服多少钱? 이 옷은 얼마예요?
Zhè jiàn yīfu duōshao qián?

(1) 条 벌 | 裤子 바지
tiáo    kùzi

(2) 双 켤레 | 袜子 양말
shuāng    wàzi

(3) 顶 개 | 帽子 모자
dǐng    màozi

做做练习

# 문제로 확인하기

**1** 녹음을 듣고 알맞은 그림에 A, B, C를 써 넣으세요. ▶ 08-06

〔1〕

〔2〕

〔3〕

(       )　　　(       )　　　(       )

**2** 녹음을 듣고 내용과 일치하면 ○, 일치하지 않으면 ✕를 표시하세요. ▶ 08-07

〔1〕 女的要买衣服。　　　　　　　(    )

〔2〕 这件衣服三百零五。　　　　　(    )

〔3〕 那件衣服三百八。　　　　　　(    )

〔4〕 女的可以试一试衣服。　　　　(    )

**3** 한어병음에 해당하는 단어를 연결하세요.

〔1〕 táozi  ·　　　　　　　　· A 多少

〔2〕 kěyǐ  ·　　　　　　　　· B 葡萄

〔3〕 duōshao  ·　　　　　　　· C 可以

〔4〕 pútao  ·　　　　　　　　· D 桃子

**4** 의미에 맞게 주어진 단어를 바르게 배열하세요.

⑴ 一 ㅣ 钱 ㅣ 桃子 ㅣ 多少 ㅣ 斤
복숭아는 한 근에 얼마예요?

→ _____

⑵ 葡萄 ㅣ 卖 ㅣ 怎么
포도는 어떻게 팔아요?

→ _____

⑶ 和 ㅣ 两斤 ㅣ 葡萄 ㅣ 我 ㅣ 要 ㅣ 一斤 ㅣ 桃子
복숭아 한 근과 포도 두 근을 주세요.

→ _____

⑷ 可以 ㅣ 吗 ㅣ 我 ㅣ 试一试
제가 좀 입어 봐도 되나요?

→ _____

## 단어 써보기

**桃子**
táozi
복숭아

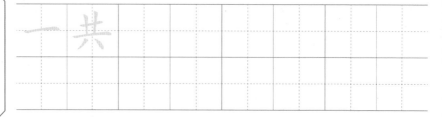

**葡萄**
pútao
포도

**一共**
yígòng
모두, 총

**衣服**
yīfu
옷

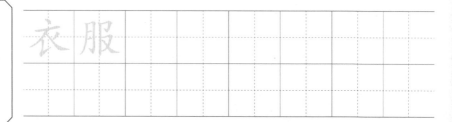

**可以**
kěyǐ
~해도 된다,
~해도 좋다

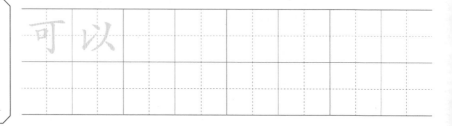

# 生词
# 새 단어 배우기 ▶ 08-08

先生 xiānsheng 명 선생님, ~씨 [성인 남성에 대한 경칭]

想 xiǎng 조동 ~하고 싶다

换 huàn 동 교환하다, 바꾸다

一下 yíxià 수량 좀 ~하다

问题 wèntí 명 문제

颜色 yánsè 명 색깔

买 mǎi 동 사다

红色 hóngsè 명 빨간색

鞋 xié 명 신발

种 zhǒng 양 종, 종류

款式 kuǎnshì 명 디자인, 스타일, 양식

更 gèng 부 더욱

退货 tuìhuò 동 반품하다

发票 fāpiào 명 영수증

给 gěi 동 주다

等 děng 동 기다리다

### 회화 1

다이애나는 새로 산 옷을 교환하려고 한다.  ▶ 08-09

---

**다이애나**  先生，我想换一下。
Xiānsheng, wǒ xiǎng huàn yíxià.

**판매원**  衣服有什么问题吗？
Yīfu yǒu shénme wèntí ma?

**다이애나**  我想换别的颜色的，可以吗？
Wǒ xiǎng huàn bié de yánsè de, kěyǐ ma?

**판매원**  可以，你要什么颜色的？
Kěyǐ, nǐ yào shénme yánsè de?

**다이애나**  我要买红色的。
Wǒ yào mǎi hóngsè de.

**판매원**  我看看吧。
Wǒ kànkan ba.

**회화 2**

준서는 새로 산 신발을 반품하려고 한다. ▶ 08-10

준서
: 还有大一点的鞋吗?
Hái yǒu dà yìdiǎn de xié ma?

판매원
: 这种款式没有更大的。
Zhè zhǒng kuǎnshì méiyǒu gèng dà de.

준서
: 那我要退货。
Nà wǒ yào tuìhuò.

판매원
: 你有发票吗?
Nǐ yǒu fāpiào ma?

준서
: 有，我给你。
Yǒu, wǒ gěi nǐ.

판매원
: 好的，等一下。
Hǎo de, děng yíxià.

# 문법 다지기

## 1 조동사 '想'

조동사 '想'은 '～하고 싶다'라는 뜻으로 동사 앞에 쓰여 희망이나 바람 등을 나타낸다.

**我想换一下。** 저는 교환을 좀 하고 싶습니다.
Wǒ xiǎng huàn yíxià.

**我想看电影。** 저는 영화를 보고 싶습니다.
Wǒ xiǎng kàn diànyǐng.

**你想看足球比赛吗?** 당신은 축구 경기를 보고 싶습니까?
Nǐ xiǎng kàn zúqiú bǐsài ma?

## 2 ……, 可以吗?

의사를 전달하고자 하는 문장의 끝에 '可以吗?' '行吗?' '好吗?' '好不好?' 등을 덧붙여서 제안하거나 상대방의 의견을 물을 수 있다. 묻는 말을 그대로 받아 '可以' '行' '好' 등으로 답할 수 있다.

**我想换别的颜色的, 可以吗?** 저는 다른 색으로 바꾸고 싶은데, 가능한가요?
Wǒ xiǎng huàn bié de yánsè de, kěyǐ ma?

**我们一起去吃饭, 好吗?** 우리 같이 밥을 먹으러 가는 게 어때요?
Wǒmen yìqǐ qù chī fàn, hǎo ma?

**我们快点儿走, 好不好?** 우리 좀 빨리 가는 게 어때요?
Wǒmen kuài diǎnr zǒu, hǎo bu hǎo?

# 바꿔 말하기

**1** 주어진 단어를 활용해 묻고 답해 봅시다. ▶08-11

> A  **你要什么颜色的?** 당신은 무슨 색을 원합니까?
>    Nǐ yào shénme yánsè de?
>
> B  **我要买红色的。** 저는 빨간색을 사려고 합니다.
>    Wǒ yào mǎi hóngsè de.

(1) **白色** 흰색
    báisè

(2) **黑色** 검정색
    hēisè

(3) **蓝色** 파란색
    lánsè

**2** 주어진 표현을 활용해 바꿔 말해 봅시다. ▶08-12

> **还有大一点的鞋码?** 좀 더 큰 신발이 있습니까?
> Hái yǒu dà yìdiǎn de xié ma?

(1) **大一号** 한 사이즈 크다
    dà yí hào

(2) **小一点** 좀 작다
    xiǎo yìdiǎn

(3) **便宜一点** 좀 싸다
    piányi yìdiǎn

# 문제로 확인하기

**1** 녹음을 듣고 알맞은 그림에 A, B, C를 써 넣으세요. ▶08-13

(1)

(        )

(2)

(        )

(3)

(        )

**2** 녹음을 듣고 내용과 일치하면 ○, 일치하지 않으면 X를 표시하세요. ▶08-14

(1) 男的要换一件衣服。          (        )

(2) 男的想换别的颜色的。          (        )

(3) 男的要买黑色的。          (        )

**3** 한어병음에 해당하는 단어를 연결하세요.

(1) fāpiào ·                              · A 颜色

(2) yánsè ·                              · B 退货

(3) tuìhuò ·                              · C 问题

(4) wèntí ·                              · D 发票

**4** 의미에 맞게 주어진 단어를 바르게 배열하세요.

(1) 有 | 你 | 吗 | 发票

영수증이 있습니까?

→ _____

(2) 颜色的 | 想 | 我 | 换 | 别的

저는 다른 색으로 바꾸고 싶어요.

→ _____

(3) 鞋 | 大 | 一点 | 有 | 的 | 还 | 吗

좀 더 큰 신발이 있습니까?

→ _____

(4) 没有 | 更 | 款式 | 这 | 的 | 大 | 种

이런 디자인은 더 큰 것이 없어요.

→ _____

# 단어 써보기

**问题**
wèntí
문제

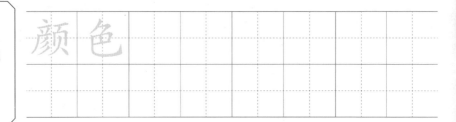

**颜色**
yánsè
색깔

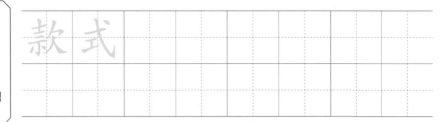

**款式**
kuǎnshì
디자인, 스타일, 양식

**退货**
tuìhuò
반품하다

**发票**
fāpiào
영수증

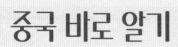
## 중국의 화폐

중국의 화폐는 '런민삐(人民币 rénmínbì)' 혹은 '위안화'라고 한다. 한어병음의 첫 글자를 따서 'RMB'라고도 하며 기호로는 '¥'으로 표기한다. 1위안은 우리 돈으로 약 170원에 해당한다. (2020년 기준) 런민삐의 단위로는 '위안(元)' '쟈오(角)' '펀(分)'이 있고, 쟈오는 위안의 1/10, 펀은 쟈오의 1/10이다. 런민삐는 100위안, 50위안, 20위안, 10위안, 5위안, 1위안, 5쟈오, 1쟈오, 5펀, 2펀, 1펀짜리가 발행된다. 1위안부터 100위안까지 총 6종류의 지폐에는 중화인민공화국의 초대 주석인 마오쩌둥(毛泽东 Máo Zédōng)의 초상화가 그려져 있다. 지폐 뒷면에는 중국을 대표하는 역사적인 장소나 아름다운 자연 경관이 그려져 있다.

중국의 화폐                          중국의 동전

예전에는 위조 지폐가 많이 유통되어서 사회 문제가 되기도 했다. 하지만 지금은 카드나 모바일 결제의 이용이 늘고 위조 지폐 사용에 관한 단속이 강화되면서 위조 지폐를 거의 찾아 볼 수 없게 되었다.

# 09

# 你喜欢做什么?

Nǐ xǐhuan zuò shénme?

## 당신은 뭐 하는 걸 좋아해요?

미리 보기

---

### UNIT 1 취미

- 취미
- 除了……以外
- ……的话

### UNIT 2 장래 희망

- 장래 희망
- 직업
- 부사 '太'
- 조동사 '会'

## 生词
# 새 단어 배우기 ▶ 09-01

喜欢 xǐhuan 통 좋아하다

书 shū 명 책

爱 ài 통 좋아하다, 사랑하다

小说 xiǎoshuō 명 소설

除了 chúle 접 ~을 제외하고, ~외에

以外 yǐwài 명 이외

历史 lìshǐ 명 역사

爱好 àihào 명 취미

旅行 lǚxíng 통 여행하다

喜剧片 xǐjùpiàn 명 코미디 영화

空 kòng 명 틈, 짬

的话 dehuà 조 ~하다면

리우쥐안은 준서에게 취미를 물어본다. ▶ 09-02

리우쥐안　你喜欢做什么?
　　　　　Nǐ xǐhuan zuò shénme?

준서　　　我喜欢看书。
　　　　　Wǒ xǐhuan kàn shū.

리우쥐안　你爱看什么书?
　　　　　Nǐ ài kàn shénme shū?

준서　　　我爱看小说。
　　　　　Wǒ ài kàn xiǎoshuō.

리우쥐안　你还喜欢看什么书?
　　　　　Nǐ hái xǐhuan kàn shénme shū?

준서　　　除了小说以外，我还喜欢看历史书。
　　　　　Chúle xiǎoshuō yǐwài, wǒ hái xǐhuan kàn lìshǐ shū.

회화 **2**

왕밍과 다이애나는 서로 취미를 물어본다.

▶ 09-03

왕밍 **你的爱好是什么?**
Nǐ de àihào shì shénme?

다이애나 **我的爱好是旅行，你呢?**
Wǒ de àihào shì lǚxíng, nǐ ne?

왕밍 **我喜欢看电影。**
Wǒ xǐhuan kàn diànyǐng.

다이애나 **你喜欢看什么电影?**
Nǐ xǐhuan kàn shénme diànyǐng?

왕밍 **我喜欢看喜剧片。**
Wǒ xǐhuan kàn xǐjùpiàn.

다이애나 **我也喜欢，有空的话，我们一起看吧。**
Wǒ yě xǐhuan, yǒu kòng dehuà, wǒmen yìqǐ kàn ba.

**1 除了……以外**

'除了……以外'가 '还'나 '也'와 함께 쓰이면 '~이외에도 또한 ~하다'라는 뜻으로 앞서 언급한 것을 포함한다. '都'와 함께 쓰이면 '~을 제외하고' '~이외에는'이라는 뜻으로 앞서 언급한 것을 배제한다.

**除了小说以外，我还喜欢看历史书。** 소설 외에 저는 역사책 보는 것도 좋아합니다.
Chúle xiǎoshuō yǐwài, wǒ hái xǐhuan kàn lìshǐ shū.

**除了我以外，还有很多人。** 저 말고도 아주 많은 사람이 있습니다.
Chúle wǒ yǐwài, hái yǒu hěn duō rén.

**除了他以外，都是韩国人。** 그 이외에는 모두 한국인입니다.
Chúle tā yǐwài, dōu shì Hánguórén.

**2 ……的话**

'……的话'는 '~하다면'이라는 뜻으로 가정을 나타낸다. '만약'을 의미하는 '如果 rúguǒ'나 '要是 yàoshi'와 함께 사용할 수 있다.

**有空的话，我们一起看吧。** 시간이 있으면 우리 같이 봐요.
Yǒu kòng dehuà, wǒmen yìqǐ kàn ba.

**姐姐去的话，我也要去。** 언니가 간다면 저도 갈 거예요.
Jiějie qù dehuà, wǒ yě yào qù.

**如果可以的话，一个星期去一次。** 만약 가능하다면 한 주에 한 번 갑니다.
Rúguǒ kěyǐ dehuà, yí ge xīngqī qù yí cì.

**바꿔 말하기**

**1** 주어진 표현을 활용해 묻고 답해 봅시다. ▶ 09-04

> A 你喜欢做什么? 당신은 뭐 하는 걸 좋아해요?
> Nǐ xǐhuan zuò shéme?
>
> B 我喜欢看书。 저는 책 보는 걸 좋아해요.
> Wǒ xǐhuan kàn shū.

(1) 运动 운동하다
yùndòng

(2) 拍照片 사진을 찍다
pāi zhàopiàn

(3) 听音乐 음악을 듣다
tīng yīnyuè

**2** 주어진 단어를 활용해 바꿔 말해 봅시다. ▶ 09-05

> 我喜欢看喜剧片。 저는 코미디 영화 보는 걸 좋아해요.
> Wǒ xǐhuan kàn xǐjùpiàn.

(1) 爱情片 로맨스 영화
aìqíngpiàn

(2) 动画片 애니메이션
dònghuàpiàn

(3) 恐怖片 공포 영화
kǒngbùpiàn

做做练习

# 문제로 확인하기

**1** 녹음을 듣고 알맞은 그림에 A, B, C를 써 넣으세요. ▶ 09-06

(1)

(　　　　)

(2)

(　　　　)

(3)

(　　　　)

**2** 녹음을 듣고 내용과 일치하면 ○, 일치하지 않으면 X를 표시하세요. ▶ 09-07

(1) 男的的爱好是看电影。　　　　( 　　 )

(2) 女的的爱好是看书。　　　　( 　　 )

(3) 女的喜欢看喜剧片。　　　　( 　　 )

(4) 男的也喜欢喜剧片。　　　　( 　　 )

**3** 한어병음에 해당하는 단어를 연결하세요.

(1) lǚxíng　·

(2) xǐhuan　·

(3) xǐjùpiàn　·

(4) lìshǐ　·

· A 喜欢

· B 历史

· C 旅行

· D 喜剧片

**4** 의미에 맞게 주어진 단어를 바르게 배열하세요.

⑴ 什么 │ 你 │ 做 │ 喜欢

당신은 뭐 하는 걸 좋아해요?

→ _____

⑵ 历史 │ 还 │ 喜欢 │ 看 │ 我 │ 书

저는 역사책 보는 것도 좋아합니다.

→ _____

⑶ 爱好 │ 你 │ 什么 │ 的 │ 是

당신의 취미는 무엇입니까?

→ _____

⑷ 我们 │ 的话 │ 一起 │ 看 │ 有 │ 吧 │ 空

시간이 있으면 우리 같이 봐요.

→ _____

# 단어 써보기

**喜欢**
xǐhuan
좋아하다

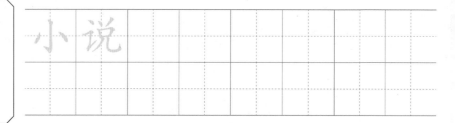

**小说**
xiǎoshuō
소설

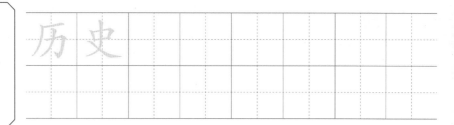

**历史**
lìshǐ
역사

**爱好**
àihào
취미

**旅行**
lǚxíng
여행하다

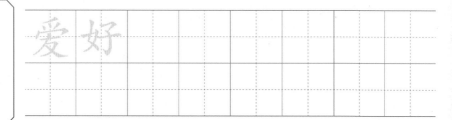

## 生词
# 새 단어 배우기 ⏵ 09-08

理想 lǐxiǎng 명 꿈, 이상

当 dāng 동 ~이 되다

职业 zhíyè 명 직업

不错 búcuò 형 괜찮다, 좋다

能 néng 조동 ~할 수 있다

为 wèi 개 ~을 위하여, ~에게

治 zhì 동 치료하다

病 bìng 명 병, 질병

这样 zhèyàng 대 이렇게, 이와 같다

想 xiǎng 동 생각하다

律师 lǜshī 명 변호사

哇 wā 감 와, 우와

太……了 tài……le 너무 ~하다

棒 bàng 형 멋지다, 훌륭하다

以后 yǐhòu 명 이후, 나중

韩语 Hányǔ 명 한국어

建 jiàn 동 짓다

所 suǒ 양 개, 곳 [건물을 세는 양사]

学校 xuéxiào 명 학교

非常 fēicháng 부 매우, 아주

美好 měihǎo 형 아름답다, 훌륭하다

会 huì 조동 ~할 것이다

努力 nǔlì 동 노력하다, 힘쓰다

# 회화 익히기

**회화 1**

왕밍과 다이애나는 서로의 꿈을 물어본다.

▶ 09-09

왕밍
你的理想是什么?
Nǐ de lǐxiǎng shì shénme?

다이애나
我的理想是当医生。
Wǒ de lǐxiǎng shì dāng yīshēng.

왕밍
医生这个职业不错，能为人治病。
Yīshēng zhège zhíyè búcuò, néng wèi rén zhì bìng.

다이애나
我也这样想，你呢?
Wǒ yě zhèyàng xiǎng, nǐ ne?

왕밍
我想当律师。
Wǒ xiǎng dāng lǜshī.

다이애나
哇，太棒了!
Wā, tài bàng le!

172

리우쥐안은 준서에게 나중에 하고 싶은 일을 물어본다.  ▶ 09-10

리우쥐안　以后你想做什么工作?
　　　　Yǐhòu nǐ xiǎng zuò shénme gōngzuò?

준서　　我想教韩语。
　　　　Wǒ xiǎng jiāo Hányǔ.

리우쥐안　你的理想是老师吗?
　　　　Nǐ de lǐxiǎng shì lǎoshī ma?

준서　　不是,我的理想是建一所学校。
　　　　Bú shì, wǒ de lǐxiǎng shì jiàn yì suǒ xuéxiào.

리우쥐안　是吗? 你的理想非常美好。
　　　　Shì ma? Nǐ de lǐxiǎng fēicháng měihǎo.

준서　　谢谢,我会努力的。
　　　　Xièxie, wǒ huì nǔlì de.

# 문법 다지기

## ① 부사 '太'

'太'는 '너무'라는 의미로 동사나 형용사 앞에 쓰인다. 정도가 심함을 나타내거나 감탄을 나타내는데, '太……了'의 형식으로 많이 사용된다.

**太棒了！** 너무 멋져요!
Tài bàng le!

**学生们太多。** 학생들이 너무 많습니다.
Xuéshēngmen tài duō.

**这件衣服太贵了，我不买。** 이 옷은 너무 비싸서 안 살래요.
Zhè jiàn yīfu tài guì le, wǒ bù mǎi.

## ② 조동사 '会'

조동사 '会'는 '~할 것이다'라는 의미로, 실현 가능성을 나타낸다. 어기조사 '的'와 함께 많이 사용한다.

**我会努力的。** 저는 노력할 거예요.
Wǒ huì nǔlì de.

**他今天会来的。** 그는 오늘 올 거예요.
Tā jīntiān huì lái de.

이 외에도 '~을 할 줄 안다'라는 의미로 쓰이는데, 이 경우에는 학습을 통해 얻은 능력을 나타낸다.

**我妈妈会开车。** 저희 엄마는 운전을 할 줄 아십니다.
Wǒ māma huì kāichē.

**他弟弟会说中文。** 그의 남동생은 중국어를 할 줄 압니다.
Tā dìdi huì shuō Zhōngwén.

# 바꿔 말하기

**1** 주어진 단어를 활용해 묻고 답해 봅시다. ▶09-11

> A 你的理想是什么? 당신의 꿈은 무엇입니까?
>   Nǐ de lǐxiǎng shì shénme?
>
> B 我的理想是当医生。 저의 꿈은 의사가 되는 것입니다.
>   Wǒ de lǐxiǎng shì dāng yīshēng.

(1) 外交官 외교관
    wàijiāoguān

(2) 设计师 디자이너
    shèjìshī

(3) 画家 화가
    huàjiā

**2** 주어진 표현을 활용해 묻고 답해 봅시다. ▶09-12

> A 以后你想做什么工作? 나중에 당신은 무슨 일을 하고 싶습니까?
>   Yǐhòu nǐ xiǎng zuò shénme gōngzuò?
>
> B 我想教韩语。 저는 한국어를 가르치고 싶어요.
>   Wǒ xiǎng jiāo Hányǔ.

(1) 唱歌 노래를 부르다
    chàng gē

(2) 做生意 장사를 하다
    zuò shēngyi

(3) 画画儿 그림을 그리다
    huà huàr

# 문제로 확인하기

**1** 녹음을 듣고 알맞은 그림에 A, B, C를 써 넣으세요. ▶09-13

(1) (          )       (2) (          )       (3) (          )

**2** 녹음을 듣고 내용과 일치하면 ○, 일치하지 않으면 X를 표시하세요. ▶09-14

(1) 男的的理想是当律师。        (      )

(2) 女的想医生能为人治病。        (      )

(3) 男的也想医生这个职业不错。      (      )

(4) 女的也想当医生。          (      )

**3** 한어병음에 해당하는 단어를 연결하세요.

(1) lǐxiǎng  •                  • A 美好

(2) měihǎo  •                  • B 理想

(3) nǔlì     •                  • C 治病

(4) zhì bìng  •               • D 努力

**4**  의미에 맞게 주어진 단어를 바르게 배열하세요.

⑴ 不错 l 医生 l 这个 l 职业

의사라는 이 직업은 괜찮아요.

→ _____

⑵ 你 l 做 l 以后 l 什么 l 想 l 工作

나중에 당신은 무슨 일을 하고 싶습니까?

→ _____

⑶ 建 l 一 l 我 l 是 l 学校 l 所 l 理想 l 的

저의 꿈은 학교를 하나 짓는 것이에요.

→ _____

⑷ 你 l 非常 l 美好 l 理想 l 的

당신의 꿈은 매우 훌륭하네요.

→ _____

## 理想
lǐxiǎng
꿈, 이상

## 职业
zhíyè
직업

## 不错
búcuò
괜찮다, 좋다

## 非常
fēicháng
매우, 아주

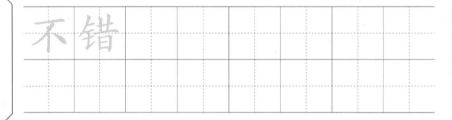

## 努力
nǔlì
노력하다, 힘쓰다

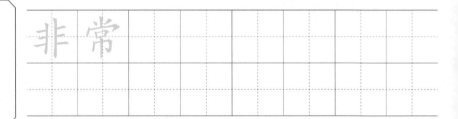

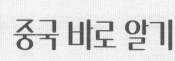

## 중국의 공연 예술

중국인들도 취미 생활로 공연 예술을 많이 즐긴다. 역사가 오래된 만큼 중국에는 다양한 공연 예술이 있다.

### 경극 京剧 Jīngjù

베이징의 전통극으로 '베이징 오페라'라고도 불린다. 노래(唱 chàng)나 대사(念 niàn)뿐 아니라 동작(做 zuò)과 무술(打 dǎ)까지 결합된 종합 공연 예술이다. 배역에 따라 '脸谱(liǎnpǔ)'라고 불리는 독특한 얼굴 분장을 하는데, 이것을 보고 인물의 성격과 특징을 파악할 수 있다. 흰색은 음흉함과 교활함, 빨간색은 충성스러움과 용맹함, 검은색은 강직함과 지혜로움을 나타낸다.

### 변검 变脸 biànliǎn

쓰촨 전통극의 하나이다. 관객이 알아차릴 새 없이 빠르게 얼굴에 쓴 가면을 다른 가면으로 바꿔 쓰는 공연이다.

### 그림자극 皮影戏 píyǐngxì

가죽이나 종이로 만든 그림자 인형에 조명을 비추어 생기는 그림자로 연출하는 공연이다. 악기 연주와 노래가 함께한다.

# 10

# 今天天气怎么样?

Jīntiān tiānqì zěnmeyàng?

## 오늘 날씨가 어때요?

想一想

## 미리 보기

### UNIT 1 날씨

- 날씨
- 기온
- 동사 '听说'
- '比' 비교문

### UNIT 2 계절

- 계절
- 의문대명사 '为什么'
- 조동사 '能'과 '可以'

## 生词
# 새 단어 배우기 ⏵ 10-01

天气 tiānqì 명 날씨

听说 tīngshuō 통 듣자 하니, 듣건대

天气预报 tiānqì yùbào 명 일기 예보

雨 yǔ 명 비

没 méi 부 ~않다 [=没有]

雨伞 yǔsǎn 명 우산

办 bàn 통 하다, 처리하다

回 huí 통 돌아가다, 돌아오다

比 bǐ 개 ~보다

气温 qìwēn 명 기온

度 dù 양 도 [온도의 단위]

高 gāo 형 높다

冰淇淋 bīngqílín 명 아이스크림

# 회화 익히기

### 회화 1

준서는 리우쮀안에게 날씨를 물어본다.

▶ 10-02

준서 **今天天气怎么样?**
Jīntiān tiānqì zěnmeyàng?

리우쮀안 **听天气预报说，今天有雨。**
Tīng tiānqì yùbào shuō, jīntiān yǒu yǔ.

준서 **我没带雨伞，怎么办?**
Wǒ méi dài yǔsǎn, zěnme bàn?

리우쮀안 **我有雨伞，我们一起回家吧。**
Wǒ yǒu yǔsǎn, wǒmen yìqǐ huí jiā ba.

준서 **太好了!**
Tài hǎo le!

**회화 2**

준서와 다이애나는 날씨에 관한 이야기를 나눈다.          ▶ 10-03

~~~~~~~~~~~~~~~~~~~~~~~~~~~~~~~~~~~~~~~~~~~~~~~~~~~~~~~~~~~~~~~~~~~~

준서    **今天天气真热啊!**
Jīntiān tiānqì zhēn rè a!

다이애나   **对，今天比昨天热。**
Duì, jīntiān bǐ zuótiān rè.

준서    **今天的气温是多少度?**
Jīntiān de qìwēn shì duōshao dù?

다이애나   **大概三十五度左右。**
Dàgài sānshíwǔ dù zuǒyòu.

준서    **真高啊! 我们吃冰淇淋，怎么样?**
Zhēn gāo a! Wǒmen chī bīngqílín, zěnmeyàng?

다이애나   **好啊!**
Hǎo a!

# 문법 다지기

## 1 동사 '听说'

동사 '听说'는 '듣자 하니' '듣건대'라는 의미로, 다른 사람에게서 들은 말을 전할 때 사용한다. '听'과 '说' 사이에 들은 내용의 출처를 넣을 수 있다.

**听天气预报说，今天有雨。** 일기예보를 듣자 하니 오늘 비가 온다고 해요.
Tīng tiānqì yùbào shuō, jīntiān yǒu yǔ.

**听说这家餐厅的烤鸭很好吃。** 듣자 하니 이 식당의 오리 구이가 아주 맛있다고 해요.
Tīngshuō zhè jiā cāntīng de kǎoyā hěn hǎochī.

**听小王说你要去中国留学。** 샤오왕한테 듣자 하니 당신 중국으로 유학 간다면서요?
Tīng Xiǎowáng shuō nǐ yào qù Zhōngguó liúxué.

## 2 '比' 비교문

개사 '比'를 사용하여 다른 사람이나 사물과 성질이나 특성을 비교한다. 'A + 比 + B + 형용사' 형식으로 쓰여 'A는 B보다 ~하다'라는 의미를 나타낸다. 차이를 강조할 때는 '还'나 '更'을 사용한다.

**今天比昨天热。** 오늘은 어제보다 더워요.
Jīntiān bǐ zuótiān rè.

**这个比那个大。** 이것은 저것보다 커요.
Zhège bǐ nàge dà.

**他比你更高。** 그는 당신보다 키가 더 커요.
Tā bǐ nǐ gèng gāo.

# 바꿔 말하기

**1** 주어진 표현을 활용해 묻고 답해 봅시다. ▶ 10-04

> **A** 今天天气怎么样? 오늘 날씨가 어때요?
> Jīntiān tiānqì zěnmeyàng?
>
> **B** 听天气预报说，今天有雨。 일기예보를 듣자 하니 오늘 비가 온다고 해요.
> Tīng tiānqì yùbào shuō, jīntiān yǒu yǔ.

(1) 晴天 맑은 날씨
qíngtiān

(2) 阴天 흐린 날씨
yīntiān

(3) 有雪 눈이 오다
yǒu xuě

**2** 주어진 단어를 활용해 바꿔 말해 봅시다. ▶ 10-05

> 今天比昨天热。 오늘은 어제보다 더워요.
> Jīntiān bǐ zuótiān rè.

(1) 冷 춥다
lěng

(2) 暖和 따뜻하다
nuǎnhuo

(3) 凉快 선선하다
liángkuai

# 문제로 확인하기

1 녹음을 듣고 알맞은 그림에 A, B, C를 써 넣으세요. ▶ 10-06

(1) (      )      (2) (      )      (3) (      )

2 녹음을 듣고 내용과 일치하면 ○, 일치하지 않으면 X를 표시하세요. ▶ 10-07

(1) 今天天气真热。      (      )

(2) 昨天比今天热。      (      )

(3) 今天的气温是三十度左右。      (      )

(4) 他们要吃冰淇淋。      (      )

3 한어병음에 해당하는 단어를 연결하세요.

(1) tiānqì •            • A 雨伞

(2) yǔsǎn •            • B 天气

(3) huí jiā •            • C 气温

(4) qìwēn •            • D 回家

**4** 의미에 맞게 주어진 단어를 바르게 배열하세요.

[1] 今天 ┃ 怎么样 ┃ 天气

오늘 날씨가 어때요?

→ _____

[2] 回 ┃ 一起 ┃ 吧 ┃ 我们 ┃ 家

우리 같이 집에 가요.

→ _____

[3] 的 ┃ 多少 ┃ 是 ┃ 今天 ┃ 气温 ┃ 度

오늘 기온은 몇 도예요?

→ _____

[4] 三十五 ┃ 左右 ┃ 大概 ┃ 度

대략 35도 정도예요.

→ _____

# 단어 써보기

天气
tiānqì
날씨

听说
tīngshuō
듣자 하니, 듣건대

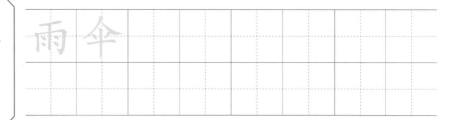

雨伞
yǔsǎn
우산

气温
qìwēn
기온

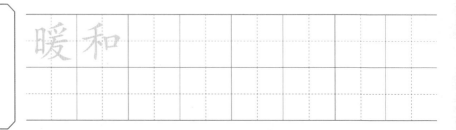

暖和
nuǎnhuo
따뜻하다

生词
# 새 단어 배우기 ▶ 10-08

季节 jìjié 명 계절

夏天 xiàtiān 명 여름

为什么 wèishénme 대 왜, 어째서

因为 yīnwèi 접 ~때문에

常常 chángcháng 부 자주, 항상

游泳 yóuyǒng 동 수영하다

周末 zhōumò 명 주말

冬天 dōngtiān 명 겨울

可以 kěyǐ 조동 ~할 수 있다

雪景 xuějǐng 명 설경

滑雪 huáxuě 동 스키를 타다

怕 pà 동 견디지 못하다, ~에 약하다

## 说一说
# 회화 익히기

**회화 1**

준서는 다이애나에게 좋아하는 계절을 물어본다. ▶ 10-09

준서 **你喜欢哪个季节?**
Nǐ xǐhuan nǎge jìjié?

다이애나 **我喜欢夏天。**
Wǒ xǐhuan xiàtiān.

준서 **你为什么喜欢夏天?**
Nǐ wèishénme xǐhuan xiàtiān?

다이애나 **因为我能常常去游泳。**
Yīnwèi wǒ néng chángcháng qù yóuyǒng.

준서 **我也喜欢游泳，我们周末一起去游泳吧。**
Wǒ yě xǐhuan yóuyǒng, wǒmen zhōumò yìqǐ qù yóuyǒng ba.

리우쥐안은 준서에게 겨울을 좋아하는 이유를 물어본다. ▶ 10-10

리우쥐안 **你喜欢夏天还是冬天?**
Nǐ xǐhuan xiàtiān háishi dōngtiān?

준서 **我喜欢冬天。**
Wǒ xǐhuan dōngtiān.

리우쥐안 **为什么?**
Wèishénme?

준서 **冬天可以看雪景，也可以滑雪。**
Dōngtiān kěyǐ kàn xuějǐng, yě kěyǐ huáxuě.

리우쥐안 **你不怕冷吗?**
Nǐ bú pà lěng ma?

준서 **对，我一点儿也不怕冷。**
Duì, wǒ yìdiǎnr yě bú pà lěng.

# 문법 다지기

**1** 의문대명사 '为什么'

'为什么'는 '왜'라는 의미를 나타내는 의문대명사로 어떤 일에 대한 원인을 물어볼 때 사용한다.

你为什么喜欢夏天? 당신은 왜 여름을 좋아해요?
Nǐ wèishénme xǐhuan xiàtiān?

你为什么昨天没来? 당신은 왜 어제 안 왔어요?
Nǐ wèishénme zuótiān méi lái?

你为什么一个人在那儿? 당신은 왜 혼자 거기에 있어요?
Nǐ wèishénme yí ge rén zài nàr?

**2** 조동사 '能'과 '可以'

조동사 '能'과 '可以'는 모두 '~할 수 있다'라는 의미로 객관적인 가능성을 나타낸다.

因为我能常常去游泳。 왜냐하면 자주 수영하러 갈 수 있기 때문이에요.
Yīnwèi wǒ néng chángcháng qù yóuyǒng.

冬天可以看雪景, 也可以滑雪。 겨울에는 설경을 볼 수 있고, 스키도 탈 수 있어요.
Dōngtiān kěyǐ kàn xuějǐng, yě kěyǐ huáxuě.

'能'은 예측을 나타낼 수 있으나, '可以'는 예측을 나타내지 않고 주로 허가의 의미를 나타낸다.

明天他能来吧。 내일 그는 올 수 있어요.
Míngtiān tā néng lái ba.

大夫, 我可以进来吗? 의사 선생님, 제가 들어가도 될까요?
Dàifu, wǒ kěyǐ jìnlái ma?

# 바꿔 말하기

**1** 주어진 단어를 활용해 묻고 답해 봅시다. ▶10-11

> **A** 你喜欢哪个季节? 당신은 어떤 계절을 좋아해요?
> Nǐ xǐhuan nǎge jìjié?
>
> **B** 我喜欢夏天。 저는 여름을 좋아해요.
> Wǒ xǐhuan xiàtiān.

(1) 春天 봄
chūntiān

(2) 秋天 가을
qiūtiān

(3) 冬天 겨울
dōngtiān

**2** 주어진 단어를 활용해 바꿔 말해 봅시다. ▶10-12

> 我一点儿也不怕冷。 저는 조금도 추위를 타지 않아요.
> Wǒ yìdiǎnr yě bú pà lěng.

(1) 知道 알다
zhīdào

(2) 累 피곤하다
lèi

(3) 开心 즐겁다
kāixīn

# 문제로 확인하기

**1** 녹음을 듣고 알맞은 그림에 A, B, C를 써 넣으세요. ▶ 10-13

〔1〕 (     )    〔2〕 (     )    〔3〕 (     )

**2** 녹음을 듣고 내용과 일치하면 ○, 일치하지 않으면 X를 표시하세요. ▶ 10-14

〔1〕 男的喜欢夏天。            (     )

〔2〕 夏天男的能去游泳。       (     )

〔3〕 女的不太喜欢游泳。       (     )

〔4〕 他们周末要去游泳。       (     )

**3** 한어병음에 해당하는 단어를 연결하세요.

〔1〕 jìjié    •            • A 游泳

〔2〕 dōngtiān •          • B 季节

〔3〕 yóuyǒng •          • C 滑雪

〔4〕 huáxuě  •           • D 冬天

**4** 의미에 맞게 주어진 단어를 바르게 배열하세요.

(1) 为什么 | 你 | 夏天 | 喜欢

단신은 왜 여름을 좋아해요?

→ _____

(2) 夏天 | 喜欢 | 你 | 冬天 | 还是

당신은 여름을 좋아해요, 아니면 겨울을 좋아해요?

→ _____

(3) 冬天 | 雪景 | 看 | 可以

겨울에는 설경을 볼 수 있어요.

→ _____

(4) 冷 | 怕 | 也 | 不 | 一点儿 | 我

저는 조금도 추위를 타지 않아요.

→ _____

# 단어 써보기

| 季节<br>jìjié<br>계절 | 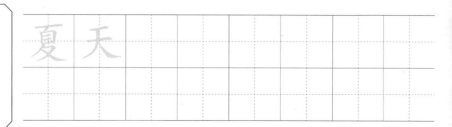 |

| 夏天<br>xiàtiān<br>여름 | 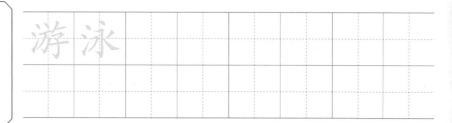 |

| 游泳<br>yóuyǒng<br>수영하다 | |

| 雪景<br>xuějǐng<br>설경 | 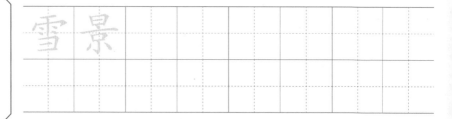 |

| 滑雪<br>huáxuě<br>스키를 타다 | |

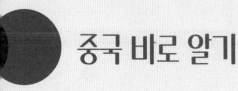

# 중국 바로 알기

## 중국의 기후

중국은 기본적으로 겨울은 춥고 건조하고, 여름은 덥고 습한 계절풍 기후의 특징을 보인다. 그런데 영토가 광활하고 지형이 다양하기 때문에 지역별로 다른 기후대가 나타나며, 남북 지역의 기온차가 크다.

하얼빈

하이난다오

최북단 지역은 한대 기후와 온대 기후가 함께 나타나지만 최남단 지역은 적도 기후에 속한다. 그래서 최북단 지역인 하얼빈(哈尔滨 Hā'ěrbīn)은 연평균 기온이 5.5도이고 연교차가 40도에 달하는 반면, 최남단 지역인 하이난다오(海南岛 Hǎinán Dǎo)는 연평균 기온이 25.4도인데다가 겨울에도 10도밖에 되지 않아 일 년 내내 따뜻하다.

중국 기후의 또 다른 특징은 대륙성 기후를 보인다는 점이다. 특히 베이징의 연교차는 70도에 달할 정도로 겨울과 여름의 날씨가 큰 차이를 보인다. 그 밖에 분지인 충칭(重庆 Chóngqìng)은 7~8월의 평균 기온이 매우 높다. 창장강(长江 Cháng Jiāng)을 중심으로 한 화중 지역은 온대 기후이고, 윈난(云南 Yúnnán) 중부 지역은 일 년 내내 포근하고 따뜻한 봄 날씨를 보인다.

# 11

# 银行怎么走?
### Yínháng zěnme zǒu?

## 은행은 어떻게 가나요?

## 미리 보기

---

### UNIT 1 길 묻기

- 길 묻기
- 위치
- 부사 '就'
- 방위명사

### UNIT 2 교통수단

- 교통수단
- 동사 '去'와 '走'
- 접속사 '然后'

# 生词
## 새 단어 배우기 ▶ 11-01

请问 qǐngwèn 통 말씀 좀 묻겠습니다, 실례합니다

银行 yínháng 명 은행

一直 yìzhí 부 곧장, 곧바로

到 dào 통 도착하다

十字路口 shízì lùkǒu 명 사거리, 교차로

往 wǎng 개 ~쪽으로, ~을 향해

右 yòu 명 오른쪽

拐 guǎi 통 방향을 바꾸다, 꺾다, 돌다

要 yào 통 (시간이) 걸리다

长 cháng 형 (시간이나 길이가) 길다

时间 shíjiān 명 시간

分钟 fēnzhōng 분 [시간의 길이를 나타냄]

就 jiù 부 곧, 바로

离 lí 개 ~로부터

近 jìn 형 가깝다

在 zài 통 ~에 있다

操场 cāochǎng 명 운동장

右边 yòubian 명 오른쪽

里 li 명 안, 속, 내부

邮局 yóujú 명 우체국

外边 wàibian 명 바깥, 밖

# 회화 익히기

**회화 1**  준서는 은행에 가는 법을 물어본다.  ▶ 11-02

준서  请问，银行怎么走？
Qǐngwèn, yínháng zěnme zǒu?

행인  一直走，到十字路口往右拐。
Yìzhí zǒu, dào shízì lùkǒu wǎng yòu guǎi.

준서  要多长时间？
Yào duō cháng shíjiān?

행인  走五分钟就到。
Zǒu wǔ fēnzhōng jiù dào.

离这儿很近。
Lí zhèr hěn jìn.

회화 **2**  준서는 도서관과 우체국이 어디에 있는지 물어본다.  ▶ 11-03

준서  **请问，图书馆在哪儿？**
Qǐngwèn, túshūguǎn zài nǎr?

행인  **在操场右边。**
Zài cāochǎng yòubian.

준서  **学校里有邮局吗？**
Xuéxiào li yǒu yóujú ma?

행인  **邮局在学校外边。**
Yóujú zài xuéxiào wàibian.

## 1 부사 '就'

부사 '就'는 '곧' '바로'라는 의미로 술어의 앞에 사용된다. 동작이 아주 짧은 시간 내에 발생함을 나타낸다.

**走五分钟就到。** 걸어서 5분이면 도착해요.
Zǒu wǔ fēnzhōng jiù dào.

**你现在就去吧。** 당신은 지금 바로 가세요.
Nǐ xiànzài jiù qù ba.

**过马路就是天安门。** 큰길을 건너면 바로 톈안먼이에요.
Guò mǎlù jiù shì Tiān'ānmén.

## 2 방위명사

방향과 위치를 나타내는 명사를 '방위명사'라고 한다. 방위명사의 종류는 다음과 같다.

| 前边 앞쪽<br>qiánbian | 后边 뒤쪽<br>hòubian | 左边 왼쪽<br>zuǒbian | 右边 오른쪽<br>yòubian |
|---|---|---|---|
| 上边 위쪽<br>shàngbian | 下边 아래쪽<br>xiàbian | 中间 한가운데<br>zhōngjiān | 旁边 옆쪽<br>pángbiān |
| 东边 동쪽<br>dōngbian | 西边 서쪽<br>xībian | 南边 남쪽<br>nánbian | 北边 북쪽<br>běibian |
| 对面 맞은편<br>duìmiàn | 斜对面 대각선 쪽<br>xiéduìmiàn | 里边 안쪽<br>lǐbian | 外边 바깥<br>wàibian |

보통명사로 장소를 나타날 때는 방위명사를 뒤에 덧붙여야 한다.

**你的书在桌子上。** 당신의 책은 책상 위에 있습니다.
Nǐ de shū zài zhuōzi shang.

**他走到我旁边。** 그는 저의 옆으로 걸어왔습니다.
Tā zǒudào wǒ pángbiān.

**换一换**
# 바꿔 말하기

**1** 주어진 단어를 활용해 묻고 답해 봅시다. ▶ 11-04

> A 请问，银行怎么走? 말씀 좀 묻겠습니다. 은행은 어떻게 가나요?
> Qǐngwèn, yínháng zěnme zǒu?
>
> B 一直走，到十字路口往右拐。 쭉 가다가 사거리에 도착하면 오른쪽으로 꺾으세요.
> Yìzhí zǒu, dào shízì lùkǒu wǎng yòu guǎi.

(1) 左 왼쪽 | 拐 꺾다
zuǒ　　guǎi

(2) 东 동 | 走 가다
dōng　　zǒu

(3) 西 서 | 走 가다
xī　　zǒu

**2** 주어진 단어를 활용해 묻고 답해 봅시다. ▶ 11-05

> A 请问，图书馆在哪儿? 말씀 좀 묻겠습니다. 도서관은 어디에 있나요?
> Qǐngwèn, túshūguǎn zài nǎr?
>
> B 在操场右边。 운동장의 오른쪽에 있습니다.
> Zài cāochǎng yòubian.

(1) 后边 뒤쪽
hòubian

(2) 旁边 옆쪽
pángbiān

(3) 对面 맞은편
duìmiàn

# 문제로 확인하기

**1** 녹음을 듣고 알맞은 그림에 A, B, C를 써 넣으세요. ▶ 11-06

(1)

(2)

(3)

(        )      (        )      (        )


**2** 녹음을 듣고 내용과 일치하면 ○, 일치하지 않으면 X를 표시하세요. ▶ 11-07

(1) 女的找图书馆。        (     )

(2) 图书馆在银行右边。        (     )

(3) 学校里有邮局。        (     )

*找 zhǎo 통 찾다


**3** 한어병음에 해당하는 단어를 연결하세요.

(1) qǐngwèn  •                  • A 操场

(2) cāochǎng  •                 • B 请问

(3) yòubian  •                  • C 邮局

(4) yóujú  •                   • D 右边

**4** 의미에 맞게 주어진 단어를 바르게 배열하세요.

(1) 怎么 ㅣ 银行 ㅣ 走

은행은 어떻게 가나요?

→ _____

(2) 五 ㅣ 就 ㅣ 到 ㅣ 走 ㅣ 分钟

걸어서 5분이면 도착해요.

→ _____

(3) 很 ㅣ 这儿 ㅣ 离 ㅣ 近

여기에서 매우 가까워요.

→ _____

(4) 邮局 ㅣ 里 ㅣ 有 ㅣ 学校 ㅣ 吗

학교 안에 우체국이 있나요?

→ _____

**银行**
yínháng
은행

银行

**时间**
shíjiān
시간

时间

**分钟**
fēnzhōng
분 [시간의 길이를
나타냄]

分钟

**右边**
yòubian
오른쪽

右边

**邮局**
yóujú
우체국

邮局

# 生词
## 새 단어 배우기 ▶11-08

火车 huǒchē 명 기차

站 zhàn 명 역, 정류장

坐 zuò 동 (탈것에) 타다

公交车 gōngjiāochē 명 버스

路 lù 명 노선, ~번 버스

堵车 dǔchē 동 차가 막히다

北京大学 Běijīng Dàxué 고유 베이징대학

先 xiān 부 먼저, 우선

号 hào 명 번호, 번

线 xiàn 명 노선

地铁 dìtiě 명 지하철

然后 ránhòu 접 그러한 후에

换乘 huànchéng 동 환승하다, 갈아타다

下 xià 동 내려가다

车 chē 명 차

门 mén 명 문, 출입구

行 xíng 동 ~해도 된다, ~해도 좋다

# 회화 익히기

**회화 1** 다이애나는 기차역에 가는 법을 물어본다. ▶ 11-09

다이애나
请问，怎么去火车站？
Qǐngwèn, zěnme qù huǒchē zhàn?

행인
坐公交车去吧。
Zuò gōngjiāochē qù ba.

다이애나
坐几路？
Zuò jǐ lù?

행인
坐30路。
Zuò sānshí lù.

다이애나
坐公交车要多长时间？
Zuò gōngjiāochē yào duō cháng shíjiān?

행인
不堵车的话，要三十分钟。
Bù dǔchē dehuà, yào sānshí fēnzhōng.

준서는 베이징대학에 가는 법을 물어본다.  ▶ 11-10

준서
**怎么去北京大学?**
Zěnme qù Běijīng Dàxué?

행인
**先坐一号线地铁，然后换乘四号线。**
Xiān zuò yī hào xiàn dìtiě, ránhòu huànchéng sì hào xiàn.

준서
**在哪儿下车?**
Zài nǎr xià chē?

행인
**到北京大学东门站下车就行。**
Dào Běijīng Dàxué Dōngmén Zhàn xià chē jiù xíng.

준서
**谢谢!**
Xièxie!

행인
**不客气。**
Bú kèqi.

# 문법 다지기

**1** ## 동사 '去'와 '走'

'去'와 '走'는 모두 '가다'라는 의미이지만 용법이 다르다. '去'는 뒤에 목적지를 나타내는 목적어를 수반한다. 반면 '走'는 목적어 없이 사용되며 주로 '걸어서' 가는 것을 의미한다.

他明天去首尔。 그는 내일 서울에 가요.
Tā míngtiān qù Shǒu'ěr.

我不想去学校。 저는 학교에 가고 싶지 않습니다.
Wǒ bù xiǎng qù xuéxiào.

没有时间，我们快走吧！ 시간이 없어요. 우리 얼른 가요!
Méiyǒu shíjiān, wǒmen kuài zǒu ba!

**2** ## 접속사 '然后'

접속사 '然后'는 '그러한 후에'라는 의미를 나타낸다. 한 가지 사건에 이어서 또 다른 사건이 연달아 일어날 때 사용한다.

先坐一号线地铁，然后换乘四号线。 먼저 지하철 1호선을 탄 후에, 4호선으로 환승하세요.
Xiān zuò yī hào xiàn dìtiě, ránhòu huànchéng sì hào xiàn.

要先睡觉，然后再工作。 먼저 잠을 자고 난 후, 다시 일을 하겠습니다.
Yào xiān shuìjiào, ránhòu zài gōngzuò.

你先吃饭，然后看电视吧。 당신은 먼저 밥을 먹고 난 후, 텔레비전을 보세요.
Nǐ xiān chī fàn, ránhòu kàn diànshì ba.

# 바꿔 말하기

**1** 주어진 단어를 활용해 묻고 답해 봅시다. ▶ 11-11

> A 请问，怎么去火车站? 말씀 좀 묻겠습니다, 기차역은 어떻게 가나요?
> Qǐngwèn, zěnme qù huǒchē zhàn?
>
> B 坐公交车去吧。 버스를 타고 가세요.
> Zuò gōngjiāochē qù ba.

(1) 坐 타다 ㅣ 出租车 택시
    zuò          chūzūchē

(2) 坐 타다 ㅣ 三轮车 삼륜차
    zuò          sānlúnchē

(3) 骑 타다 ㅣ 自行车 자전거
    qí           zìxíngchē

**2** 주어진 단어를 활용해 묻고 답해 봅시다. ▶ 11-12

> A 坐公交车要多长时间? 버스를 타고 시간이 얼마나 걸리나요?
> Zuò gōngjiāochē yào duō cháng shíjiān?
>
> B 不堵车的话，要三十分钟。 차가 막히지 않는다면 30분 걸립니다.
> Bù dǔchē dehuà, yào sānshí fēnzhōng.

(1) 校车 스쿨버스 ㅣ 二十分钟 20분
    xiàochē          èrshí fēnzhōng

(2) 机场巴士 공항버스 ㅣ 五十分钟 50분
    jīchǎng bāshì        wǔshí fēnzhōng

(3) 高速大巴 고속버스 ㅣ 两个小时 2시간
    gāosù dàbā          liǎng ge xiǎoshí

# 문제로 확인하기

**1** 녹음을 듣고 알맞은 그림에 A, B, C를 써 넣으세요. ▶11-13

(1)           (2)           (3)

(　　　　)      (　　　　)      (　　　　)

**2** 녹음을 듣고 내용과 일치하면 ○, 일치하지 않으면 X를 표시하세요. ▶11-14

(1) 女的要去北京大学。          (　　　)

(2) 女的要坐公交车。            (　　　)

(3) 女的会先坐一号线地铁。    (　　　)

(4) 女的不用换乘。             (　　　)

*不用 búyòng 통 ~할 필요 없다

**3** 한어병음에 해당하는 단어를 연결하세요.

(1) ránhòu   •                 • A 换乘

(2) huànchéng   •            • B 火车

(3) huǒchē   •                • C 堵车

(4) dǔchē   •                 • D 然后

**4** 의미에 맞게 주어진 단어를 바르게 배열하세요.

⑴ 就 ㅣ 北京大学东门站 ㅣ 到 ㅣ 下 ㅣ 车 ㅣ 行

베이징대학 등문역에서 하차하면 됩니다.

→ _____

⑵ 去 ㅣ 吧 ㅣ 公交车 ㅣ 坐

버스를 타고 가세요.

→ _____

⑶ 不 ㅣ 要 ㅣ 堵车 ㅣ 三十 ㅣ 的话 ㅣ 分钟

차가 막히지 않는다면 30분 걸립니다.

→ _____

⑷ 坐 ㅣ 换乘 ㅣ 然后 ㅣ 一号线地铁 ㅣ 先 ㅣ 四号线

먼저 지하철 1호선을 탄 후에, 4호선으로 환승하세요.

→ _____

# 단어 써보기

火车
huǒchē
기차

堵车
dǔchē
차가 막히다

地铁
dìtiě
지하철

然后
ránhòu
그러한 후에

换乘
huànchéng
환승하다, 갈아타다

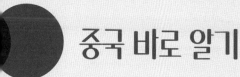
## 중국인의 교통수단

중국인들은 이동할 때 자전거를 많이 타고 다닌다. 그래서 자전거 전용 도로, 자전거 수리점, 자전거 주차장 등 자전거와 관련된 시설을 많이 볼 수 있다. 최근에는 QR코드를 이용해 자전거를 대여할 수 있는 서비스도 등장했다. 자전거에 부착된 QR코드(二维码 èrwéimǎ)를 스캔하면 이용한 시간이나 거리만큼 요금이 부과되며, 모바일이나 카드로 결제할 수 있다. 정해진 대여소가 없어서 이용 후에 아무 곳에나 세워서 반납하면 된다는 편리함도 장점이다. 요즈음에는 전기 자전거도 많이 탄다.

줄지어 있는 공유 자전거

배터리를 충전 중인 전동차

전동차(电动车 diàndòngchē)를 타는 사람들도 많이 볼 수 있다. 휘발유로 가는 오토바이와 달리 전기로 배터리를 충전하는 전동차는 가격이 비교적 저렴하고 면허가 필요 없기 때문에 교통체증이 심한 대도시에서 인기 있는 교통수단이다. 최근의 전동차는 크기도 작아지고 접이식도 있어서 편리하게 활용할 수 있다.

# 12

# 你有什么事?
Nǐ yǒu shénme shì?

## 무슨 일 있어요?

미리 보기

---

### UNIT 1 건강

- 권유
- 증상
- 어기조사 '了'
- 개사 '给'

### UNIT 2 부탁

- 부탁
- 제안
- 동태조사 '过'
- 겸어문

## 生词
# 새 단어 배우기 ▶ 12-01

喂 wéi 감 여보세요 [본래 제4성이나 전화할 때는 제2성으로 발음하기도 함]

了 le 조 [문장 끝이나 문장 속 끊어지는 곳에 쓰여 변화나 새로운 상황이 발생했음을 나타냄]

事 shì 명 일, 사건, 업무

好像 hǎoxiàng 부 마치 ~같이

感冒 gǎnmào 동 감기에 걸리다

最好 zuìhǎo 부 가장 좋기로는

看病 kànbìng 동 진찰을 받다, 진찰하다

舒服 shūfu 형 편안하다

头疼 tóuténg 형 머리가 아프다

发烧 fāshāo 동 열이 나다

咳嗽 késou 동 기침하다

给 gěi 개 ~에게

打针 dǎzhēn 동 주사를 놓다, 주사를 맞다

# 회화 익히기

**회화 1** 준서는 선생님에게 전화를 걸어 오늘 결석한다고 알린다. ⏵ 12-02

---

선생님  **喂，你好!**
Wéi, nǐ hǎo!

준서  **老师，我今天不能去上课了。**
Lǎoshī, wǒ jīntiān bù néng qù shàngkè le.

선생님  **你有什么事?**
Nǐ yǒu shénme shì?

준서  **我好像感冒了。**
Wǒ hǎoxiàng gǎnmào le.

선생님  **知道了，你最好去医院看病。**
Zhīdào le, nǐ zuìhǎo qù yīyuàn kànbìng.

준서  **好，谢谢您。**
Hǎo, xièxie nín.

회화 **2**

준서는 병원에 가서 진찰을 받는다.

▶ 12-03

의사 **你哪儿不舒服?**
Nǐ nǎr bù shūfu?

준서 **我头疼、发烧，还咳嗽。**
Wǒ tóuténg、fāshāo, hái késou.

의사 **我给你打针。别太累了。**
Wǒ gěi nǐ dǎzhēn. Bié tài lèi le.

준서 **明白了。**
Míngbai le.

# 문법 다지기

## 1 어기조사 '了'

'了'는 어기조사로서 문장 끝이나 문장 속 끊어지는 곳에 쓰여 변화나 새로운 상황이 발생했음을 나타낸다.

**我今天不能去上课了。** 저는 오늘 수업을 들으러 갈 수 없습니다.
Wǒ jīntiān bù néng qù shàngkè le.

**天冷了，下雪了。** 날이 추워지고 눈이 내립니다.
Tiān lěng le, xià xuě le.

**苹果已经红了。** 사과가 이미 붉어졌습니다.
Píngguǒ yǐjīng hóng le.

## 2 개사 '给'

'~에게'라는 의미의 개사 '给'는 동작의 대상을 나타낸다. '给 + 명사'의 개사구는 부사어로 사용되어 '给 + 명사 + 동사'의 문장 형식을 이룬다.

**我给你打针。** 당신에게 주사를 놔 드릴게요.
Wǒ gěi nǐ dǎzhēn.

**朋友给我买一本书。** 친구가 저에게 책 한 권을 사 주었습니다.
Péngyou gěi wǒ mǎi yì běn shū.

**早上给你打电话。** 아침에 당신에게 전화를 걸었습니다.
Zǎoshang gěi nǐ dǎ diànhuà.

### 换一换
# 바꿔 말하기

**1** 주어진 표현을 활용해 바꿔 말해 봅시다. ▶ 12-04

我今天不能去上课了。 저는 오늘 수업을 들으러 갈 수 없습니다.
Wǒ jīntiān bù néng qù shàngkè le.

(1) 讲课 강의하다
jiǎngkè

(2) 运动 운동하다
yùndòng

(3) 买票 표를 사다
mǎi piào

**2** 주어진 단어를 활용해 바꿔 말해 봅시다. ▶ 12-05

我头疼。 저는 머리가 아파요.
Wǒ tóuténg.

(1) 肚子 배
dùzi

(2) 腰 허리
yāo

(3) 牙 치아
yá

# 문제로 확인하기

**1** 녹음을 듣고 알맞은 그림에 A, B, C를 써 넣으세요. ▶ 12-06

(1)                (2)                (3)

(          )       (          )       (          )

**2** 녹음을 듣고 내용과 일치하면 ○, 일치하지 않으면 X를 표시하세요. ▶ 12-07

(1) 女的给老师打电话。           (      )

(2) 女的今天能上课。             (      )

(3) 女的好像感冒了。             (      )

(4) 女的会去医院看病。           (      )

**3** 한어병음에 해당하는 단어를 연결하세요.

(1) kànbìng  •

(2) shūfu  •

(3) késou  •

(4) tóuténg  •

                • A 头疼

                • B 看病

                • C 咳嗽

                • D 舒服

**4** 의미에 맞게 주어진 단어를 바르게 배열하세요.

(1) 不 | 去 | 我 | 今天 | 了 | 能 | 上课

저는 오늘 수업을 들으러 갈 수 없습니다.

→ _____

(2) 了 | 累 | 别 | 太

너무 무리하지 마세요.

→ _____

(3) 舒服 | 不 | 哪儿 | 你

당신은 어디가 불편하세요?

→ _____

(4) 疼 | 我 | 腰

저는 허리가 아파요.

→ _____

**好像**
hǎoxiàng
마치 ~같이

好像

**感冒**
gǎnmào
감기에 걸리다

感冒

**看病**
kànbìng
진찰을 받다,
진찰하다

看病

**舒服**
shūfu
편안하다

舒服

**发烧**
fāshāo
열이 나다

发烧

生词
# 새 단어 배우기 ▶ 12-08

**身体** shēntǐ 명 몸, 신체

**完全** wánquán 부 완전히

**帮** bāng 동 돕다

**当然** dāngrán 부 당연히

**内容** nèiróng 명 내용

**感谢** gǎnxiè 동 감사하다

**该** gāi 동 ~해야 한다

**请客** qǐngkè 동 한턱내다

**过** guo 조 [동사 뒤에 쓰여 경험을 나타냄]

**火锅** huǒguō 명 훠궈 [끓는 육수에 다양한 재료를 담가 살짝 익혀 먹는 요리]

**请** qǐng 동 청하다, 부탁하다

**四川** Sìchuān 고유 쓰촨 [지명]

# 회화 익히기

**회화 1**  준서는 다이애나에게 부탁을 한다.  ▶ 12-09

다이애나  **你身体好点儿了吗?**
Nǐ shēntǐ hǎo diǎnr le ma?

준서  **完全好了，你能帮我一下吗?**
Wánquán hǎo le, nǐ néng bāng wǒ yíxià ma?

다이애나  **当然可以。 你有什么事?**
Dāngrán kěyǐ.  Nǐ yǒu shénme shì?

준서  **昨天上课的内容，你可不可以教我一下?**
Zuótiān shàngkè de nèiróng, nǐ kě bu kěyǐ jiāo wǒ yíxià?

다이애나  **这个没问题。**
Zhège méi wèntí.

준서는 다이애나에게 식사를 대접하려고 한다.  ▶ 12-10

준서 今天太感谢你了。
Jīntiān tài gǎnxiè nǐ le.

다이애나 那你该请客。
Nà nǐ gāi qǐngkè.

준서 好，你吃过火锅吗？
Hǎo, nǐ chīguo huǒguō ma?

다이애나 没有。
Méiyǒu.

준서 那我请你吃四川火锅吧。
Nà wǒ qǐng nǐ chī Sìchuān huǒguō ba.

## 1 동태조사 '过'

동태조사 '过'는 동사 뒤에 쓰여 과거의 경험을 나타낸다. 부정형은 동사 앞에 부정부사 '没'를 붙여 표현한다.

**你吃过火锅吗?** 당신은 훠궈를 먹어 본 적이 있어요?
Nǐ chīguo huǒguō ma?

**你去过中国吗?** 당신은 중국에 가 본 적이 있습니까?
Nǐ qùguo Zhōngguó ma?

**我没吃过中国菜。** 저는 중국 요리를 먹어 본 적이 없습니다.
Wǒ méi chīguo Zhōngguó cài.


## 2 겸어문

겸어문은 한 문장에 두 개의 술어가 있고, 첫 번째 술어의 목적어가 두 번째 술어의 주어를 겸하는 문장을 말한다. '주어 + 술어1 + 겸어[술어1의 목적어이자 술어2의 주어] + 술어2 (+ 목적어2)' 구조로 쓴다.

**那我请你吃四川火锅吧。** 그러면 제가 당신에게 쓰촨 훠궈를 대접할게요.
Nà wǒ qǐng nǐ chī Sìchuān huǒguō ba.

**你请他给我回个电话吧。** 당신은 그로 하여금 저한테 전화하라고 해 주세요.
Nǐ qǐng tā gěi wǒ huí ge diànhuà ba.

**老师叫我回家。** 선생님은 저에게 집에 가라고 하셨습니다.
Lǎoshī jiào wǒ huí jiā.

# 바꿔 말하기

**1** 주어진 단어를 활용해 바꿔 말해 봅시다. ▶12-11

**你吃过火锅吗?** 당신은 훠궈를 먹어 본 적이 있어요?
Nǐ chīguo huǒguō ma?

(1) **看** 보다 | **京剧** 경극
kàn　　　　jīngjù

(2) **去** 가다 | **北京** 베이징
qù　　　　Běijīng

(3) **喝** 마시다 | **绿茶** 녹차
hē　　　　lǜchá

**2** 주어진 표현을 활용해 바꿔 말해 봅시다. ▶12-12

**我请你吃四川火锅吧。** 제가 당신에게 쓰촨 훠궈를 대접할게요.
Wǒ qǐng nǐ chī Sìchuān huǒguō ba.

(1) **喝咖啡** 커피를 마시다
hē kāfēi

(2) **吃烤肉** 불고기를 먹다
chī kǎoròu

(3) **看音乐剧** 뮤지컬을 보다
kàn yīnyuèjù

# 문제로 확인하기

**1** 녹음을 듣고 알맞은 그림에 A, B, C를 써 넣으세요. ▶12-13

(1)

(       )

(2)

(       )

(3)

(       )

**2** 녹음을 듣고 내용과 일치하면 ○, 일치하지 않으면 X를 표시하세요. ▶12-14

(1) 女的要请客。                (      )

(2) 男的没吃过火锅。         (      )

(3) 他们会吃四川火锅。      (      )

**3** 한어병음에 해당하는 단어를 연결하세요.

(1) dāngrán   •                    • A 绿茶

(2) huǒguō   •                    • B 火锅

(3) lǜchá   •                      • C 咖啡

(4) kāfēi   •                      • D 当然

**4** 의미에 맞게 주어진 단어를 바르게 배열하세요.

⑴ 问题 | 没 | 这个

이것은 문제없어요.

→ _____

⑵ 该 | 那 | 你 | 请客

그러면 당신이 한턱내야죠.

→ _____

⑶ 你 | 过 | 火锅 | 吗 | 吃

당신은 훠궈를 먹어 본 적이 있어요?

→ _____

⑷ 你 | 点儿 | 身体 | 了 | 吗 | 好

당신 몸은 좀 좋아졌어요?

→ _____

**身体**
shēntǐ
몸, 신체

**当然**
dāngrán
당연히

**内容**
nèiróng
내용

**感谢**
gǎnxiè
감사하다

**请客**
qǐngkè
한턱내다

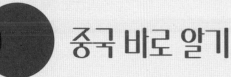

# 중국 바로 알기

## 중국의 QR코드 문화

QR코드로 대여하는 공유 자전거

QR코드 결제

스마트폰이 보급되면서 중국인들은 일상생활에서 QR코드를 많이 사용하게 되었다. QR코드를 이용해 물건을 구매하거나 공유 자전거 대여 등의 서비스를 이용하고 심지어 송금을 하거나 공과금을 납부하기도 한다. 가게뿐만 아니라 노점에서도 QR코드 결제가 보편적으로 쓰인다. 그 밖에도 학교에서 출석을 확인하거나 회사에서 출퇴근을 기록하는 등 QR코드 기술은 생활 속 다양한 분야에서 쓰이고 있다.

중국인이 가장 많이 사용하는 메신저 앱으로 '위챗(WeChat·微信 Wēixìn)'이 있는데, 모든 이용자에게 고유의 QR코드를 발급한다. 어떤 사람은 명함에 자신의 위챗 QR코드를 넣는 경우도 있다고 하니, 중국에서 QR코드가 얼마나 일상화되었는지 알 수 있다. 위챗에서는 QR코드 기술을 활용한 모바일 결제 시스템인 '위챗페이' 서비스를 운영한다. 이용자는 자신의 위챗 계정에 은행 계좌를 연동하기만 하면 휴대폰으로 결제할 수 있다. QR코드를 이용해서 결제를 할 때는 구매자가 판매자의 QR코드를 스캔하고 금액을 직접 입력하여 송금할 수도 있고, 판매자가 구매자의 QR코드를 스캔하여 결제할 수도 있다. 모바일 결제를 이용하면 현금을 가지고 다닐 필요 없이 휴대폰만 가지고 다니면 되니 편리하고, 거래의 투명성이 제고된다는 장점이 있다.

# 본문 해석과 정답

## 00과

### 做做练习 문제로 확인하기

**1**
(1) bā
(2) fū
(3) yōng
(4) rè
(5) shì
(6) niú
(7) dì
(8) tú
(9) xuǎn

**2**
(1) uan
(2) ai
(3) ao
(4) uan
(5) ei
(6) ue
(7) ing
(8) ue
(9) ai

**3**
(1) ch
(2) k
(3) d
(4) n
(5) h
(6) x
(7) m
(8) k
(9) z

**4**
(1) è
(2) qǔ
(3) shī
(4) xíng
(5) lái
(6) jiǎng
(7) zǒu
(8) bèi
(9) xiū

## 01과

### UNIT 1
#### 说一说 회화 익히기

**회화1** 준서: 안녕하세요!
리우쥐안: 안녕하세요!

**회화2** 리우쥐안: 오랜만입니다!
선생님: 오랜만입니다!

**회화3** 준서: 안녕히 가세요!
리우쥐안: 안녕히 가세요!

**회화4** 다이애나: 안녕히 가세요!
준서: 내일 봐요!

### 做做练习 문제로 확인하기

**1**
(1) n
(2) h
(3) z
(4) m
(5) x
(6) g

**2** A
┌─ **녹음대본** ─────────────┐
여: 再见!
남: 再见!
└────────────────────────┘

**3** (1) B (2) A (3) C

**4** (1) 不见, Hǎojiǔ bújiàn!
(2) 好, Zǎoshang hǎo!
(3) 下午, Xiàwǔ hǎo!
(4) 一会儿, Yíhuìr jiàn!

### UNIT 2
#### 说一说 회화 익히기

**회화1** 준서: 감사합니다!
리우쥐안: 천만에요.

**회화2** 준서: 축하드립니다!
선생님: 감사합니다!

**회화3** 준서: 미안합니다.
다이애나: 괜찮습니다.

**회화4** 왕밍: 미안합니다.
다이애나: 괜찮습니다.

### 做做练习 문제로 확인하기

**1**
(1) l
(2) d
(3) b
(4) d
(5) g
(6) sh

**2** A
┌─ **녹음대본** ─────────────┐
남: 不好意思。
여: 没事儿。
└────────────────────────┘

**3** (1) B (2) A (3) C

**4** (1) 您, Xièxie nín!
(2) 客气, Bú kèqi.
(3) 大家, Xièxie dàjiā!
(4) 没事儿, Méishìr.

## UNIT 1
### 说一说 회화 익히기

**회화1**

리우쥐안: 당신은 이름이 무엇입니까?

왕밍: 나는 왕밍이라고 합니다. 당신은요?

리우쥐안: 나는 리우쥐안이라고 합니다. 만나서 반갑습니다.

왕밍: 저도 만나서 반갑습니다.

**회화2**

다이애나: 선생님, 성이 어떻게 되세요?

선생님: 나는 상씨이고, 창훼이싱이라고 합니다. 당신은요?

다이애나: 저는 다이애나라고 합니다. 만나서 반갑습니다.

선생님: 저도 만나서 반갑습니다.

### 做做练习 문제로 확인하기

**1** (1) iào (2) én (3) íng

(4) ìng (5) èn (6) āo

**2** B

- 녹음대본 -
남: 认识你，很高兴。

여: 认识你，我也很高兴。

**3** (1) C (2) A (3) B

**4** (1) 什么, Nǐ jiào shénme míngzi?

(2) 呢, Wǒ jiào Wáng Míng, nǐ ne?

(3) 叫, Wǒ jiào Zhāng Huīxīng.

(4) 也, Rènshi nǐ, wǒ yě hěn gāoxìng.

## UNIT 2
### 说一说 회화 익히기

**회화1**

다이애나: 당신은 올해 몇 살입니까?

준서: 나는 올해 21살입니다. 당신은요?

다이애나: 나는 20살이고, 양띠예요. 당신은 무슨 띠입니까?

준서: 나는 말띠예요.

**회화2**

리우쥐안: 선생님, 연세가 어떻게 되세요?

선생님: 42살입니다. 당신은 몇 살입니까?

리우쥐안: 23살입니다. 선생님 따님은 올해 몇 살이에요?

선생님: 올해 8살이에요.

### 做做练习 문제로 확인하기

**1** (1) ián (2) uō (3) ǔ (4) ì

**2** A

- 녹음대본 -
남: 你今年多大？

여: 二 | 三岁。

**3** (1) B (2) D (3) A (4) C

**4** (1) 多, Nǐ jīnnián duō dà?

(2) 岁, Wǒ èrshí suì.

(3) 属, Wǒ shǔ tù.

(4) 几, Nǐ nǚ'ér jīnnián jǐ suì?

## UNIT 1
### 说一说 회화 익히기

**회화1**

준서: 그녀는 누구입니까?

리우쥐안: 그녀는 이지아입니다.

준서: 그녀는 어느 나라 사람입니까?

리우쥐안: 그녀는 한국인입니다.

준서: 그래요? 저도 한국인입니다.

리우쥐안: 그러면 당신들 모두 한국인이네요!

**회화2**

준서: 그는 학생입니까?

다이애나: 맞아요. 그는 대학생입니다.

준서: 그는 무슨 대학을 다닙니까?

다이애나: 그는 칭화대학을 다닙니다.

준서: 그는 무슨 전공을 배웁니까?

다이애나: 그는 경영학을 배워요.

**문제로 확인하기**

**1** ⑴ shéi ⑵ shì ⑶ xué ⑷ duì

**2** B

· 녹음대본 ·

여: 她是哪国人?

남: 她是韩国人。

**3** ⑴ D ⑵ C ⑶ B ⑷ A

**4** ⑴ 学, Tā xué jīngyíngxué.

⑵ 都, Nà nǐmen dōu shì Hánguórén a!

⑶ 日本人, Tā shì Rìběnrén.

⑷ 专业, Tā xué shénme zhuānyè?

## UNIT 2

说一说 **회화 익히기**

**회화1**

다이애나: 이것은 무엇입니까?

준서: 이것은 저의 휴대폰입니다.

다이애나: 저것은요?

준서: 저것은 신문이에요.

다이애나: 저것은 무슨 신문입니까?

준서: 저것은 중국 신문입니다.

**회화2**

다이애나: 이 글자는 무슨 뜻입니까?

준서: 이 '懂'자요?

다이애나: 맞아요.

준서: 이것은 '이해하다'라는 뜻입니다.

다이애나: 그러면 이 '错'자요?

준서: 이 글자는 저도 모릅니다.

**문제로 확인하기**

**1** ⑴ nà ⑵ shǒu ⑶ yì

⑷ míng ⑸ zhǐ ⑹ guó

**2** A

· 녹음대본 ·

남: 这是什么?

여: 这是我的手机。

**3** ⑴ B ⑵ C ⑶ A

**4** ⑴ 什么, Zhè shì shénme?

⑵ 的, Zhè shì wǒ de shǒujī.

⑶ 那个, Nàge ne?

⑷ 中国, Nà shì Zhōngguó bàozhǐ.

# 04과

## UNIT 1

说一说 **회화 익히기**

**회화1**

준서: 당신의 가족은 몇 명입니까?

리우쥐안: 우리 가족은 네 명이에요.

준서: 모두 어떤 사람이 있어요?

리우쥐안: 아빠, 엄마, 언니 그리고 저요.

준서: 당신은 오빠가 없습니까?

리우쥐안: 없습니다.

**회화2**

왕밍: 당신은 첫째입니까?

다이애나: 아니요. 저는 둘째입니다. 저는 언니 한 명과 남동생 한 명이 있어요. 당신은요?

왕밍: 저는 형제자매가 없어요.

다이애나: 그러면 당신 가족은 세 명입니까?

왕밍: 네. 아빠, 엄마 그리고 저요.

**문제로 확인하기**

**1** ⑴ jiā ⑵ sì ⑶ yǒu ⑷ māma

**2** A

· 녹음대본 ·

여: 你家有几口人?

남: 我家有五口人。

여: 都有什么人?

남: 爸爸、妈妈、姐姐、妹妹和我。

**3** ⑴ D ⑵ C ⑶ A ⑷ B

**4** ⑴ 没有, Wǒ méiyǒu xiōngdì jiěmèi.

⑵ 个, Māma、yí ge mèimei hé wǒ.

⑶ 奶奶, Yéye、nǎinai、bàba、māma hé wǒ.

⑷ 姐姐, Wǒ yǒu yí ge jiějie hé yí ge dìdi.

## UNIT 2

### 🔵说一说 회화 익히기

**회화1**

다이애나: 당신의 아버지는 무슨 일을 합니까?

준서: 저희 아빠는 선생님입니다.

다이애나: 그는 무엇을 가르칩니까?

준서: 그는 중국어를 가르칩니다.

**회화2**

준서: 당신의 어머니는 어디에서 일합니까?

다이애나: 그녀는 회사에서 일합니다. 당신의 어머니는요?

준서: 그녀는 병원에서 일합니다.

다이애나: 그녀는 의사입니까?

준서: 아니요, 그녀는 간호사입니다.

### 🔵做做练习 문제로 확인하기

**1** 〔1〕 shénme  〔2〕 lǎoshī  〔3〕 nǎr
  〔4〕 gōngsī

**2** A

┌─ 녹음대본 ─────────────────┐
남: 你爸爸做什么工作?
여: 我爸爸是老师。
└──────────────────────────┘

**3** 〔1〕 B  〔2〕 C  〔3〕 A

**4** 〔1〕 汉语, Tā jiāo Hànyǔ.
  〔2〕 餐厅, Tā zài cāntīng gōngzuò.
  〔3〕 警察, Wǒ bàba shì jǐngchá.
  〔4〕 呢, Tā zài gōngsī gōngzuò, nǐ māma ne?

## 05과

## UNIT 1

### 🔵说一说 회화 익히기

**회화1**

다이애나: 오늘은 몇 월 며칠입니까?

왕밍: 오늘은 6월 7일입니다.

다이애나: 우리 반의 이브닝 파티는 언제입니까?

왕밍: 6월 10일입니다.

다이애나: 당신은 이번 이브닝 파티에 참가하나요?

왕밍: 참가해요.

**회화2**

준서: 내일은 무슨 요일이에요?

리우쥐안: 화요일이에요.

준서: 우리가 목요일에 시험을 보나요?

리우쥐안: 아니요, 금요일에 시험을 봅니다.

준서: 오늘 오후에 당신은 도서관에 가나요?

리우쥐안: 갑니다.

### 🔵做做练习 문제로 확인하기

**1** 〔1〕 hào  〔2〕 shí  〔3〕 xīngqīwǔ
  〔4〕 xīngqīsì

**2** A

┌─ 녹음대본 ─────────────────┐
남: 今天几月几号?
여: 今天八月五号。
└──────────────────────────┘

**3** 〔1〕 C  〔2〕 A  〔3〕 D  〔4〕 B

**4** 〔1〕 下午, Jīntiān xiàwǔ nǐ qù túshūguǎn ma?
  〔2〕 时候, Wǒmen bān de wǎnhuì shì shénme
    shíhou?
  〔3〕 六, Liù yuè shí hào.
  〔4〕 星期, Míngtiān xīngjī jǐ?

## UNIT 2

### 🔵说一说 회화 익히기

**회화 1**

왕밍: 당신의 생일은 몇 월 며칠입니까?

다이애나: 5월 6일입니다. 당신은요?

왕밍: 11월 14일입니다.

다이애나: 생일을 보낼 때 당신은 무엇을 합니까?

왕밍: 저는 일반적으로 가족들과 함께 밥을 먹어요.

다이애나: 그래요? 정말 부러워요!

**회화2**

준서: 이번 주 목요일은 어린이날입니다.

다이애나: 중국의 어린이날은 6월 1일이에요.

준서: 그날은 우리가 수업이 없는데, 당신은 무엇을 할 계획
  이에요?

다이애나: 저는 아무 일이 없어요.

준서:    우리 같이 영화 보러 갑시다.

다이애나: 좋아요!

做做练习 **문제로 확인하기**

**1** 〔1〕 shēngrì    〔2〕 liù    〔3〕 xīngqīsì

〔4〕 shìqing

**2** B

• **녹음대본** •

여: 你打算做什么?

남: 我没什么事情。

여: 我们一起去看电影吧。

남: 好啊!

**3** 〔1〕 C    〔2〕 A    〔3〕 B

**4** 〔1〕 打算, Nǐ dǎsuàn zuò shénme?

〔2〕 儿童节, Zhōngguó de Értóng Jié shì liù yuè yī hào.

〔3〕 羡慕, Zhēn xiànmù nǐ!

〔4〕 电影, Wǒmen yìqǐ qù kàn diànyǐng ba.

# 06과

## UNIT 1

说一说 **회화 익히기**

**회화1**

리우쥐안: 지금 몇 시예요?

준서:    지금 8시 15분이에요.

리우쥐안: 오늘 무슨 수업이 있어요?

준서:    오늘은 중국어 수업이 있어요.

리우쥐안: 몇 시에 수업해요?

준서:    9시에 수업해요.

**회화2**

왕밍:    당신은 몇 시에 일어납니까?

다이애나: 6시 반이요. 당신은요?

왕밍:    저는 7시에 일어나요. 당신은 몇 시에 아침을 먹어요?

다이애나: 저는 보통 아침을 안 먹어요. 당신은 아침을 먹습니까?

왕밍:    먹어요. 저는 7시 40분쯤에 아침을 먹어요.

做做练习 **문제로 확인하기**

**1** 〔1〕 diǎn    〔2〕 kè    〔3〕 qǐchuáng

〔4〕 yìbān

**2** A

• **녹음대본** •

남: 几点上课?

여: 十点上课。

**3** 〔1〕 C    〔2〕 D    〔3〕 A    〔4〕 B

**4** 〔1〕 点, Liù diǎn bàn.

〔2〕 早饭, Nǐ chī zǎofàn ma?

〔3〕 左右, Wǒ qī diǎn sìshí fēn zuǒyòu chī zǎofàn.

〔4〕 上课, Jǐ diǎn shàngkè?

## UNIT 2

说一说 **회화 익히기**

**회화1**

준서:    미국은 지금 몇 시예요?

다이애나: 지금 저녁 11시예요.

준서:    그래요? 한국과 미국의 시차는 얼마예요?

다이애나: 대략 14시간이요.

**회화2**

준서:    영어 시험은 몇 시에 시작합니까?

리우쥐안: 3시요.

준서:    그러면 우리 빨리 가요.

리우쥐안: 조급해하지 마요. 지금 1시 반이니 아직 한 시간 반이 남았어요.

준서:    우리는 몇 시에 교실에 가야 합니까?

리우쥐안: 2시 50분이요.

做做练习 **문제로 확인하기**

**1** 〔1〕 bàn    〔2〕 zǎoshang    〔3〕 kuài

〔4〕 xiǎoshí

**2** B

**녹음대본**

여: 美国现在几点?

남: 现在下午四点。

여: 美国和韩国的时差是多少?

남: 大概十四个小时。

**3** ⑴ A  ⑵ C  ⑶ B

**4** ⑴ 中午, Xiànzài zhōngwǔ shí'èr diǎn.

⑵ 要, Wǒmen yào jǐ diǎn qù jiàoshì?

⑶ 两, Liǎng diǎn wǔshí fēn.

⑷ 小时, Háiyǒu yí ge bàn xiǎoshí.

# 07 과

## UNIT 1

### 说一说 회화 익히기

**회화1**

왕밍: 여기요, 주문이요!

종업원: 무엇이 필요하세요?

왕밍: 위샹러우쓰 하나, 마파두부 하나 주세요.

종업원: 또 다른 것이 필요하세요?

왕밍: 공기밥 두 그릇도 주세요.

**회화2**

준서: 저는 아메리카노를 마실래요. 당신은요?

다이애나: 저는 라테를 원해요.

종업원: 차가운 것을 원합니까, 아니면 뜨거운 것을 원합니까?

준서: 모두 차가운 것을 원해요.

종업원: 가져갈 건가요?

준서: 여기에서 마셔요. 치즈 케이크도 한 조각 주세요.

### 做做练习 문제로 확인하기

**1** ⑴ C  ⑵ B  ⑶ A

**녹음대본**

A 来一个麻婆豆腐。

B 我要喝美式咖啡。

C 再来一块芝士蛋糕吧。

**2** ⑴ 남자는 종업원이다. ( ○ )

⑵ 여자는 위샹러우쓰를 먹으려고 한다. ( ○ )

⑶ 여자는 3개의 요리를 주문하려고 한다. ( × )

⑷ 여자는 공기밥도 주문하려고 한다. ( ○ )

**녹음대본**

여: 服务员，点菜!

남: 你要什么?

여: 来一个鱼香肉丝、一个麻婆豆腐。

남: 还要别的吗?

여: 再来两碗米饭。

**3** ⑴ C  ⑵ D  ⑶ A  ⑷ B

**4** ⑴ 你们要冰的还是热的?

⑵ 我要喝美式咖啡。

⑶ 还要别的吗?

⑷ 再来一块芝士蛋糕吧。

## UNIT 2

### 说一说 회화 익히기

**회화1**

리우쥐안: 양꼬치는 맛이 어때요?

준서: 맛있기는 맛있는데, 조금 짜요.

리우쥐안: 그러면 물을 좀 마셔요.

준서: 좋아요. 고마워요!

**회화2**

왕밍: 위샹러우쓰는 달지 않나요?

다이애나: 달지 않아요. 맛있어요.

왕밍: 저도 아주 맛있다고 생각해요. 훙샤오러우는요?

다이애나: 조금 느끼해요.

왕밍: 그래요? 그러면 다음번에는 우리 다른 요리를 먹읍시다!

다이애나: 좋은 생각이에요!

### 做做练习 문제로 확인하기

**1** ⑴ A  ⑵ C  ⑶ B

**녹음대본**

A 好吃是好吃，不过有点儿咸。

B 有点儿油腻。

C 不甜，很好吃。

**2** ⑴ 남자는 위샹러우쓰는 달지 않다고 말했다. ( ○ )

⑵ 여자는 위샹러우쓰가 아주 맛있다고 말했다. ( ○ )

⑶ 남자는 훙샤오러우는 조금 느끼하다고 말했다. ( ○ )

⑷ 그들은 다음번에 다른 요리를 먹으려고 한다. ( ○ )

- **녹음대본** •

여: 鱼香肉丝不甜吗?

남: 不甜，很好吃。

여: 我也觉得很好吃，红烧肉呢?

남: 有点儿油腻。

여: 是吗? 那下次我们吃别的菜吧!

남: 好主意!

**3** ⑴ D        ⑵ C        ⑶ A        ⑷ B

**4** ⑴ 羊肉串味道怎么样?

⑵ 不过有点儿咸。

⑶ 我也觉得很好吃。

⑷ 那下次我们吃别的菜吧!


## 08과

## UNIT 1

### 说一说 회화 익히기

**회화1**

준서: 복숭아는 한 근에 얼마예요?

판매원: 3.7위안이요.

준서: 포도는 어떻게 팔아요?

판매원: 6위안이요.

준서: 복숭아 한 근과 포도 두 근을 주세요. 모두 얼마예요?

판매원: 모두 15.7위안입니다.

**회화2**

준서: 이 옷은 얼마예요?

판매원: 350위안이요.

준서: 저 옷은요?

판매원: 380위안이요.

준서: 제가 좀 입어 봐도 되나요?

판매원: 됩니다.


做做练习 **문제로 확인하기**

**1** ⑴ B          ⑵ A          ⑶ C

- **녹음대본** •

A 남: 桃子多少钱一斤?

　여: 三块七。

B 남: 香蕉多少钱一斤?

　여: 五块。

C 남: 葡萄多少钱一斤?

　여: 六块。

**2** ⑴ 여자는 옷을 사려고 한다. ( ○ )

⑵ 이 옷은 305위안이다. ( × )

⑶ 저 옷은 380위안이다. ( ○ )

⑷ 여자는 옷을 입어 봐도 된다. ( ○ )

- **녹음대본** •

여: 这件衣服多少钱?

남: 三百五。

여: 那件呢?

남: 三百八。

여: 我可以试一试吗?

남: 可以。

**3** ⑴ D        ⑵ C        ⑶ A        ⑷ B

**4** ⑴ 桃子多少钱一斤? / 桃子一斤多少钱?

⑵ 葡萄怎么卖?

⑶ 我要一斤桃子和两斤葡萄。

⑷ 我可以试一试吗?


## UNIT 2

### 说一说 회화 익히기

**회화1**

다이애나: 선생님, 저는 교환을 좀 하고 싶습니다.

판매원: 옷에 무슨 문제가 있나요?

다이애나: 저는 다른 색으로 바꾸고 싶은데, 가능한가요?

판매원: 가능합니다. 당신은 무슨 색을 원합니까?

다이애나: 저는 빨간색을 사려고 합니다.

판매원: 제가 좀 보겠습니다.

**회화2**

준서: 좀 더 큰 신발이 있습니까?

판매원: 이런 디자인은 더 큰 것이 없어요.

| | |
|---|---|
| 준서: | 그러면 저는 반품하겠습니다. |
| 판매원: | 영수증이 있습니까? |
| 준서: | 있어요. 여기요. |
| 판매원: | 좋습니다. 기다려 주세요. |

**做做练习 문제로 확인하기**

**1** 〔1〕 C   〔2〕 B   〔3〕 A

• 녹음대본 •

A 남: 你要什么颜色的?
  여: 我要买黑色的。

B 남: 你要什么颜色的?
  여: 我要买红色的。

ㄷ 남: 你要什么颜色的?
  여: 我要买白色的。

**2** 〔1〕 남자는 옷 한 벌을 교환하려고 한다. ( ○ )
  〔2〕 남자는 다른 색으로 교환하려고 한다. ( ○ )
  〔3〕 남자는 검정색의 옷을 사려고 한다. ( × )

• 녹음대본 •

남: 我想换一下。
여: 衣服有什么问题吗?
남: 我想换别的颜色的，可以吗?
여: 可以，你要什么颜色的?
남: 我要买红色的。
여: 我看看吧。

**3** 〔1〕 D   〔2〕 A   〔3〕 B   〔4〕 C

**4** 〔1〕 你有发票吗?
  〔2〕 我想换别的颜色的。
  〔3〕 还有大一点的鞋吗?
  〔4〕 这种款式没有更大的。

# 09과

## UNIT 1

**说一说 회화 익히기**

**회화1**

| | |
|---|---|
| 리우쥐안: | 당신은 뭐 하는 걸 좋아해요? |
| 준서: | 저는 책 보는 걸 좋아해요. |

| | |
|---|---|
| 리우쥐안: | 당신은 무슨 책을 보는 걸 좋아해요? |
| 준서: | 저는 소설 보는 걸 좋아해요. |
| 리우쥐안: | 당신은 또 무슨 책을 보는 걸 좋아해요? |
| 준서: | 소설 외에 저는 역사책 보는 것도 좋아합니다. |

**회화2**

| | |
|---|---|
| 왕밍: | 당신의 취미는 무엇입니까? |
| 다이애나: | 저의 취미는 여행입니다. 당신은요? |
| 왕밍: | 저는 영화 보는 걸 좋아해요. |
| 다이애나: | 당신은 무슨 영화 보는 걸 좋아해요? |
| 왕밍: | 저는 코미디 영화 보는 걸 좋아해요. |
| 다이애나: | 저도 좋아해요. 시간이 있으면 우리 같이 봐요. |

**做做练习 문제로 확인하기**

**1** 〔1〕 A   〔2〕 B   〔3〕 C

• 녹음대본 •

A 我喜欢看书。
B 我喜欢运动。
C 我喜欢看电影。

**2** 〔1〕 남자의 취미는 영화 보기이다. ( × )
  〔2〕 여자의 취미는 책 보기이다. ( × )
  〔3〕 여자는 코미디 영화 보는 것을 좋아한다. ( ○ )
  〔4〕 남자도 코미디 영화를 좋아한다. ( ○ )

• 녹음대본 •

여: 你的爱好是什么?
남: 我的爱好是旅行，你呢?
여: 我喜欢看电影。
남: 你喜欢看什么电影?
여: 我喜欢看喜剧片。
남: 我也喜欢，有空的话，我们一起看吧。

**3** 〔1〕 C   〔2〕 A   〔3〕 D   〔4〕 B

**4** 〔1〕 你喜欢做什么?
  〔2〕 我还喜欢看历史书。
  〔3〕 你的爱好是什么?
  〔4〕 有空的话，我们一起看吧。

# UNIT 2

**회화 익히기**

### 회화1

왕밍:　당신의 꿈은 무엇입니까?

다이애나:　저의 꿈은 의사가 되는 것입니다.

왕밍:　의사라는 이 직업은 괜찮아요. 사람을 위해 병을 치료할 수 있어요.

다이애나:　저도 그렇게 생각해요. 당신은요?

왕밍:　저는 변호사가 되고 싶습니다.

다이애나:　와, 너무 멋져요!

### 회화2

리우쥐안:　나중에 당신은 무슨 일을 하고 싶습니까?

준서:　저는 한국어를 가르치고 싶어요.

리우쥐안:　당신의 꿈은 선생님인가요?

준서:　아니요. 저의 꿈은 학교를 하나 짓는 것이에요.

리우쥐안:　그래요? 당신의 꿈은 매우 훌륭하네요.

준서:　고마워요. 저는 노력할 거예요.

**문제로 확인하기**

**1**　⑴ A　　　　⑵ B　　　　⑶ C

- **녹음대본**

A 我的理想是当外交官。

B 我的理想是当画家。

C 我的理想是当设计师。

**2**　⑴ 남자의 꿈은 변호사가 되는 것이다. ( × )

　⑵ 여자는 의사가 사람을 위해 병을 치료할 수 있다고 생각한다. ( ○ )

　⑶ 남자도 의사라는 직업이 괜찮다고 생각한다. ( ○ )

　⑷ 여자도 의사가 되고 싶다. ( × )

- **녹음대본**

여: 你的理想是什么?

남: 我的理想是当医生。

여: 医生这个职业不错，能为人治病。

남: 我也这样想，你呢?

여: 我想当律师。

남: 是吗? 太棒了!

**3**　⑴ B　　　⑵ A　　　⑶ D　　　⑷ C

**4**　⑴ 医生这个职业不错。

　⑵ 以后你想做什么工作?

⑶ 我的理想是建一所学校。

⑷ 你的理想非常美好。

# 10과

# UNIT 1

**회화 익히기**

### 회화1

준서:　오늘 날씨가 어때요?

리우쥐안:　일기예보를 듣자 하니 오늘 비가 온다고 해요.

준서:　저는 우산을 가져오지 않았는데, 어떻게 해요?

리우쥐안:　저는 우산이 있어요. 우리 같이 집에 가요.

준서:　아주 좋아요!

### 회화2

준서:　오늘 날씨가 정말 더워요!

다이애나:　맞아요. 오늘은 어제보다 더워요.

준서:　오늘 기온은 몇 도예요?

다이애나:　대략 35도 정도예요.

준서:　정말 높네요! 우리 아이스크림을 먹는 게 어때요?

다이애나:　좋아요!

**문제로 확인하기**

**1**　⑴ A　　　　⑵ C　　　　⑶ B

- **녹음대본**

A 今天晴天。

B 今天有雨。

C 今天阴天。

**2**　⑴ 오늘 날씨는 매우 덥다. ( ○ )

　⑵ 어제가 오늘보다 덥다. ( × )

　⑶ 오늘의 기온은 30도 정도이다. ( × )

　⑷ 그들은 아이스크림을 먹으려고 한다. ( ○ )

- **녹음대본**

여: 今天天气真热啊!

남: 对，今天比昨天热。

여: 今天的气温是多少度?

남: 大概三十五度左右。

여: 真高啊! 我们吃冰淇淋，怎么样?

남: 好啊!

**3** ⑴ B　　　⑵ A　　　⑶ D　　　⑷ C

**4** ⑴ 今天天气怎么样？
⑵ 我们一起回家吧。
⑶ 今天的气温是多少度？
⑷ 大概三十五度左右。

**3** ⑴ B　　　⑵ D　　　⑶ A　　　⑷ C

**4** ⑴ 你为什么喜欢夏天？
⑵ 你喜欢夏天还是冬天？
⑶ 冬天可以看雪景。
⑷ 我一点儿也不怕冷。

# UNIT 2

说一说 **회화 익히기**

**회화1**

준서: 당신은 어떤 계절을 좋아해요?

다이애나: 저는 여름을 좋아해요.

준서: 당신은 왜 여름을 좋아해요?

다이애나: 왜냐하면 자주 수영하러 갈 수 있기 때문이에요.

준서: 저도 수영하는 것을 좋아하는데, 우리 주말에 같이 수영하러 가요.

**회화2**

리우쥐안: 당신은 여름을 좋아해요, 아니면 겨울을 좋아해요?

준서: 저는 겨울을 좋아해요.

리우쥐안: 왜요?

준서: 겨울에는 설경을 볼 수 있고, 스키도 탈 수 있어요.

리우쥐안: 당신은 추위를 타지 않나요?

준서: 예, 저는 조금도 추위를 타지 않아요.

做做练习 **문제로 확인하기**

**1** ⑴ B　　　⑵ A　　　⑶ C

・**녹음대본**・
> A 我喜欢秋天。
> B 我喜欢冬天。
> C 我喜欢春天。

**2** ⑴ 남자는 여름을 좋아한다. ( ○ )
⑵ 여름에 남자는 수영하러 갈 수 있다. ( ○ )
⑶ 여자는 수영을 별로 좋아하지 않는다. ( × )
⑷ 그들은 주말에 수영하러 가려고 한다. ( ○ )

・**녹음대본**・
> 여: 你喜欢哪个季节？
> 남: 我喜欢夏天。
> 여: 你为什么喜欢夏天？
> 남: 因为我能常常去游泳。
> 여: 我也喜欢游泳，我们周末一起去游泳吧。

# 11과

# UNIT 1

说一说 **회화 익히기**

**회화1**

준서: 말씀 좀 묻겠습니다. 은행은 어떻게 가나요?

행인: 쭉 가다가 사거리에 도착하면 오른쪽으로 꺾으세요.

준서: 시간이 얼마나 걸려요?

행인: 걸어서 5분이면 도착해요. 여기에서 매우 가까워요.

**회화2**

준서: 말씀 좀 묻겠습니다. 도서관은 어디에 있나요?

행인: 운동장의 오른쪽에 있습니다.

준서: 학교 안에 우체국이 있나요?

행인: 우체국은 학교 바깥에 있어요.

做做练习 **문제로 확인하기**

**1** ⑴ B　　　⑵ C　　　⑶ A

・**녹음대본**・
> A 图书馆在哪儿？
> B 银行在哪儿？
> C 邮局在哪儿？

**2** ⑴ 여자는 도서관을 찾는다. ( ○ )
⑵ 도서관은 은행의 오른쪽에 있다. ( × )
⑶ 학교 안에 우체국이 있다. ( × )

・**녹음대본**・
> 여: 请问，图书馆在哪儿？
> 남: 在操场右边。
> 여: 学校里有邮局吗？
> 남: 邮局在学校外边。

**3** ⑴ B　　　⑵ A　　　⑶ D　　　⑷ C

**4** ⑴ 银行怎么走？

⑵ 走五分钟就到。

⑶ 离这儿很近。

⑷ 学校里有邮局吗？

## UNIT 2

### 说一说 회화 익히기

**회화1**

다이애나: 말씀 좀 묻겠습니다. 기차역은 어떻게 가나요?

행인: 버스를 타고 가세요.

다이애나: 몇 번 버스를 타요?

행인: 30번 버스를 타세요.

다이애나: 버스를 타고 시간이 얼마나 걸리나요?

행인: 차가 막히지 않는다면 30분 걸립니다.

**회화2**

준서: 베이징대학은 어떻게 가나요?

행인: 먼저 지하철 1호선을 탄 후에, 4호선으로 환승하세요.

준서: 어디에서 하차해요?

행인: 베이징대학 동문역에서 하차하면 됩니다.

준서: 감사합니다!

행인: 천만에요.

### 做做练习 문제로 확인하기

**1** ⑴ A　　⑵ C　　⑶ B

**· 녹음대본 ·**

A 坐公交车去吧。

B 坐地铁去吧。

C 坐出租车去吧。

**2** ⑴ 여자는 베이징대학에 가려고 한다. ( ○ )

⑵ 여자는 버스를 타려고 한다. ( × )

⑶ 여자는 먼저 지하철 1호선을 타려고 한다. ( ○ )

⑷ 여자는 환승할 필요가 없다. ( × )

**· 녹음대본 ·**

여: 怎么去北京大学？

남: 先坐一号线地铁，然后换乘四号线。

여: 在哪儿下车？

남: 到北京大学东门站下车就行。

여: 谢谢！

남: 不客气。

**3** ⑴ D　　⑵ A　　⑶ B　　⑷ C

**4** ⑴ 到北京大学东门站下车就行。

⑵ 坐公交车去吧。

⑶ 不堵车的话，要三十分钟。

⑷ 先坐一号线地铁，然后换乘四号线。

# 12과

## UNIT 1

### 说一说 회화 익히기

**회화1**

선생님: 여보세요, 안녕하세요!

준서: 선생님, 저는 오늘 수업을 들으러 갈 수 없습니다.

선생님: 무슨 일 있어요?

준서: 감기에 걸린 것 같아요.

선생님: 알겠어요. 병원에 가서 진찰을 받는 게 좋겠어요.

준서: 네, 감사합니다.

**회화2**

의사: 당신은 어디가 불편하세요?

준서: 저는 머리가 아프고 열이 나요. 또 기침도 해요.

의사: 당신에게 주사를 놔 드릴게요. 너무 무리하지 마세요.

준서: 알겠습니다.

### 做做练习 문제로 확인하기

**1** ⑴ B　　⑵ C　　⑶ A

**· 녹음대본 ·**

A 我好像感冒了。

B 我牙疼。

C 我给你打针。

**2** ⑴ 여자는 선생님에게 전화를 건다. ( ○ )

⑵ 여자는 오늘 수업에 갈 수 있다. ( × )

⑶ 여자는 감기에 걸린 것 같다. ( ○ )

⑷ 여자는 진찰을 받으러 병원에 갈 것이다. ( ○ )

· 녹음대본 ·

남: 喂，你好！

여: 老师，我今天不能去上课了。

남: 你有什么事？

여: 我好像感冒了。

남: 知道了，你最好去医院看病。

여: 好，谢谢您。

**3** ⑴ B        ⑵ D        ⑶ C        ⑷ A

**4** ⑴ 我今天不能去上课了。

⑵ 别太累了。

⑶ 你哪儿不舒服？

⑷ 我腰疼。

· 녹음대본 ·

여: 今天太感谢你了。

남: 那你该请客。

여: 好，你吃过火锅吗？

남: 没有。

여: 那我请你吃四川火锅吧。

**3** ⑴ D        ⑵ B        ⑶ A        ⑷ C

**4** ⑴ 这个没问题。

⑵ 那你该请客。

⑶ 你吃过火锅吗？

⑷ 你身体好点儿了吗？

# UNIT 2

### 说一说 회화 익히기

**회화1**

다이애나: 당신 몸은 좀 좋아졌어요?

준서: 완전히 좋아졌어요. 저를 잠시 도와줄 수 있나요?

다이애나: 당연히 됩니다. 무슨 일 있어요?

준서: 어제 수업한 내용을 저에게 가르쳐 줄 수 있어요?

다이애나: 그것은 문제없어요.

**회화2**

준서: 오늘 정말 감사합니다.

다이애나: 그러면 당신이 한턱내야죠.

준서: 좋아요. 당신은 훠궈를 먹어 본 적이 있어요?

다이애나: 없어요.

준서: 그러면 제가 당신에게 쓰촨 훠궈를 대접할게요.

### 做做练习 문제로 확인하기

**1** ⑴ C        ⑵ B        ⑶ A

· 녹음대본 ·

A 你去过北京吗？

B 你吃过火锅吗？

C 你喝过绿茶吗？

**2** ⑴ 여자는 한턱내려고 한다. ( ○ )

⑵ 남자는 훠궈를 먹어 본 적이 없다. ( ○ )

⑶ 그들은 쓰촨 훠궈를 먹을 것이다. ( ○ )

245

# 한어병음 자모 배합표

| | a | o | e★ | i(-i) | u | ü | ai | ao | an | ang | ou | ong | ei★ | en★ | eng★ | er | ia |
|---|---|---|---|---|---|---|---|---|---|---|---|---|---|---|---|---|---|
| b | ba | bo | | bi | bu | | bai | bao | ban | bang | | | bei | ben | beng | | |
| p | pa | po | | pi | pu | | pai | pao | pan | pang | pou | | pei | pen | peng | | |
| m | ma | mo | me | mi | mu | | mai | mao | man | mang | mou | | mei | men | meng | | |
| f | fa | fo | | | fu | | | | fan | fang | fou | | fei | fen | feng | | |
| d | da | | de | di | du | | dai | dao | dan | dang | dou | dong | dei | den | deng | | |
| t | ta | | te | ti | tu | | tai | tao | tan | tang | tou | tong | | | teng | | |
| n | na | | ne | ni | nu | nü | nai | nao | nan | nang | nou | nong | nei | nen | neng | | |
| l | la | | le | li | lu | lü | lai | lao | lan | lang | lou | long | lei | | leng | | lia |
| g | ga | | ge | | gu | | gai | gao | gan | gang | gou | gong | gei | gen | geng | | |
| k | ka | | ke | | ku | | kai | kao | kan | kang | kou | kong | kei | ken | keng | | |
| h | ha | | he | | hu | | hai | hao | han | hang | hou | hong | hei | hen | heng | | |
| j | | | | ji | | ju | | | | | | | | | | | jia |
| q | | | | qi | | qu | | | | | | | | | | | qia |
| x | | | | xi | | xu | | | | | | | | | | | xia |
| zh | zha | | zhe | zhi | zhu | | zhai | zhao | zhan | zhang | zhou | zhong | zhei | zhen | zheng | | |
| ch | cha | | che | chi | chu | | chai | chao | chan | chang | chou | chong | | chen | cheng | | |
| sh | sha | | she | shi | shu | | shai | shao | shan | shang | shou | | shei | shen | sheng | | |
| r | | | re | ri | ru | | | rao | ran | rang | rou | rong | | ren | reng | | |
| z | za | | ze | zi | zu | | zai | zao | zan | zang | zou | zong | zei | zen | zeng | | |
| c | ca | | ce | ci | cu | | cai | cao | can | cang | cou | cong | | cen | ceng | | |
| s | sa | | se | si | su | | sai | sao | san | sang | sou | song | | sen | seng | | |
| 성모가 없을 때 | a | o | e | yi | wu | yu | ai | ao | an | ang | ou | | ei | en | eng | er | ya |

○ 운모 'ü'가 성모 'j', 'q', 'x'와 결합할 때 각각 'ju', 'qu', 'xu'로 표기한다.

○ 'i'의 발음은 우리말 '으' 발음과 유사한데, 구강의 앞부분에서 발음하도록 한다.

○ 운모 'i', 'u', 'ü'가 성모 없이 단독으로 쓰일 때 각각 'yi', 'wu', 'yu'로 표기한다.

## ★ 주의해야 할 발음

· 'e'가 성모와 결합할 때는 [ɤ]로 발음한다. 단, 'e'가 '了(le)'와 같이 경성으로 쓰일 때는 [ə]로 발음한다.

· 'ei'의 'e'는 [e]로 발음한다.
· 'en'과 'eng'의 'e'는 [ə]로 발음한다.

| ie | iao | iou(iu) | ian | in | iang | ing | iong | ua | uo | uai | uei(ui) | uan | uen(un) | uang | ueng | üe | üan | ün |
|----|-----|---------|-----|----|----|----|----|----|----|----|----|----|----|----|----|----|----|----|
| bie | biao | | bian | bin | | bing | | | | | | | | | | | | |
| pie | piao | | pian | pin | | ping | | | | | | | | | | | | |
| mie | miao | miu | mian | min | | ming | | | | | | | | | | | | |
| | | | | | | | | | | | | | | | | | | |
| die | diao | diu | dian | | | ding | | | duo | | dui | duan | dun | | | | | |
| tie | tiao | | tian | | | ting | | | tuo | | tui | tuan | tun | | | | | |
| nie | niao | niu | nian | nin | niang | ning | | | nuo | | | nuan | | | | nüe | | |
| lie | liao | liu | lian | lin | liang | ling | | | luo | | | luan | lun | | | lüe | | |
| | | | | | | | | gua | guo | guai | gui | guan | gun | guang | | | | |
| | | | | | | | | kua | kuo | kuai | kui | kuan | kun | kuang | | | | |
| | | | | | | | | hua | huo | huai | hui | huan | hun | huang | | | | |
| jie | jiao | jiu | jian | jin | jiang | jing | jiong | | | | | | | | | jue | juan | jun |
| qie | qiao | qiu | qian | qin | qiang | qing | qiong | | | | | | | | | que | quan | qun |
| xie | xiao | xiu | xian | xin | xiang | xing | xiong | | | | | | | | | xue | xuan | xun |
| | | | | | | | | zhua | zhuo | zhuai | zhui | zhuan | zhun | zhuang | | | | |
| | | | | | | | | chua | chuo | chuai | chui | chuan | chun | chuang | | | | |
| | | | | | | | | shua | shuo | shuai | shui | shuan | shun | shuang | | | | |
| | | | | | | | | rua | ruo | | rui | ruan | run | | | | | |
| | | | | | | | | | zuo | | zui | zuan | zun | | | | | |
| | | | | | | | | | cuo | | cui | cuan | cun | | | | | |
| | | | | | | | | | suo | | sui | suan | sun | | | | | |
| ye | yao | you | yan | yin | yang | ying | yong | wa | wo | wai | wei | wan | wen | wang | weng | yue | yuan | yun |

'uei', 'uen'이 성모와 결합할 때 각각 'ui', 'un'으로 표기한다.

'ü'가 'j', 'q', 'x'와 결합할 때 'u'로 표기한다.

'iou'가 성모와 결합할 때 'iu'로 표기한다.

'ü'가 음절의 첫 글자로 쓰일 때 'yu'로 표기한다.

'i'가 음절의 첫 글자로 쓰일 때 'y'로 표기한다.

'u'가 음절의 첫 글자로 쓰일 때 'w'로 표기한다.

- 'ie'의 'e'는 [ɛ]로 발음한다.
- 'ian'의 'a'는 [ɑ]로 발음한다.
- 'uei'의 'e'는 [e]로 발음한다.
- 'üe'의 'e'는 [ɛ]로 발음한다.

※ [ ] 안의 음가는 국제음성기호(IPA)를 따름

# 십게 익히는 **초급 중국어**

**지은이** 장흥석
**펴낸이** 정규도
**펴낸곳** (주)다락원

**초판 1쇄 발행** 2020년 9월 1일

**기획·편집** 정아영, 이상윤
**디자인** 구수정, 박선영
**사진** Shutterstock
**일러스트** 정혜선
**녹음** 한국어 허강원
중국어 차오홍메이(曹红梅), 피아오롱쥔(朴龙君)

**다락원** 경기도 파주시 문발로 211
전화 (02)736-2031 (내선 250~252 / 내선 430, 439)
팩스 (02)732-2037
출판등록 1977년 9월 16일 제406-2008-000007호

정가 **15,000**원 (MP3 파일 무료 다운로드)
**ISBN** 978-89-277-2280-9 13720

**PHOTO CREDITS**
chinahbzyg (p.125) / Sumeth anu (p.125) / peacefoo (p.215)
/ Askolds Berovskis (p.215) / YUROU GUAN (p.233)

**www.darakwon.co.kr**
다락원 홈페이지를 방문하시면 상세한 출판 정보와 함께 동영상
강좌, MP3 자료 등 다양한 어학 정보를 얻으실 수 있습니다.